すごい
セミナー
営業

ぱる出版

はじめに

　本書は、セミナービジネスのノウハウをわかりやすく書いたハウツー本です。

　企画や制作のやり方、集客に使えるSNSの活用法から、収益商品の構築方法まで、網羅しています。この一冊があれば、明日からでもセミナー開催の準備が始められるという内容になっているはずです。

　あまり知られていませんが、セミナーは少ない労力、少ない資金でも、大きな利益を上げられる魅力的なビジネスモデルです。そのため、企業の大小に関わらず、積極的に活用してほしいと思っています。

　しかし、セミナーをビジネスに活かすことができていない企業は、非常に多いです。これは本当にもったいない話です。
　そういった企業を見かけるたびに、広告費をかけて集客をしたり、やみくもに商品をリニューアルしたりする前に、まずはセミナーをやったらいいのに……と、切に思います。
　というのも、セミナーは、ただ講師が登壇するだけではありません。実に様々な可能性を秘めています。新商品の販促会として開催する単発セミナー、あるいは継続的に開催して、安定した売り上げに繋げるセミナー、はたまた、リクルートや、自社のブランディング構築、他業種の方を呼んでの交流会など、目的に併せて内容をカスタマイズすることが可能なのです。

　私はこの業界に従事するようになってから十数年になりますが、セミナーを開催したいという企業からのご相談は年々増えています。今後この数は、さらに増していくだろうと予想しています。
　ですので、今この本に出会えたあなたはラッキーです。セミナーが

◆はじめに◆

本格的なブームになるよりも前に、セミナービジネスを始められるのですから。

そうはいっても、本当にセミナーをはじめられるか心配だという人も多いでしょう。でも安心してください。あなたと同じように不安に思っている人たちが、セミナーで何百人も集客し、何百万円も売り上げているのを幾度となく見てきました。

セミナーをきっかけに大きく飛躍したＡさんのケースをご紹介します。

Ａさんは、会社に勤めても長続きせず、何度も転職を繰り返していました。

思い悩んだＡさんが、藁にもすがる思いで入ったのが、私が運営する「セミナー主催者養成講座」でした。自己資金がなくても始められるセミナービジネスは、Ａさんにとって、最後の頼みの綱だったのです。

講座に通いだした当初は、セミナーの知識はゼロのＡさんでしたが、セミナービジネスの方法を講座で一つずつ学んでいきました。

それからわずか半年後、Ａさんは一人でクロージング率７０％を達成するという、偉業を成し遂げたのです。

Ａさんは、営業スキルを持っていたわけではありません。特別にコミュニケーション能力が高いとか、人脈があったわけでもありません。ただ、講座で教わったことを、黙々とこなしただけなのです。

実は、Ａさんのような人は珍しくありません。私のビジネスパートナーの坂田公太朗さんも、かつてはＡさんと似たような境遇でした。いくつもの職を渡り歩き、ときには居酒屋経営、ときには歌舞伎町でホストをしていたこともありました。

それが今では数々のセミナーを成功に導いているスーパー主催者ですから、人生何が起きるかわかりません。

◆はじめに◆

　もう一人、専業主婦のＭさんのケースもお話させてください。
　Ｍさんは主婦をしながら、自宅でネイルサロンをしていました。しかし、売り上げは思わしくありませんでした。そこで、集客率をアップさせるために、「セミナー主催者養成講座」の門を叩きました。
　ところが、ネイルサロンの売り上げを上げるために受講したはずのＭさんは、講座に来てすぐに「自分はネイルにそこまで興味がない」ということに気づいたのです。
　これもよくあることで、セミナーをするために、自分のサービスを徹底的に分析するのですが、その最中に「何かが違う」ということに気がつく人は多いです。
　そこでＭさんには、様々なセミナーを開催することにしました。すると、あっという間に150人を集客することに成功。さらに、500万円を売り上げました。
　Ｍさんもまた、セミナービジネスに関してはまったくの素人。やはり、講座で学んだことを素直に実践しただけなのです。

　ＡさんとＭさん、二人とも、自己資金はゼロ、セミナー経験もゼロです。しかしそれは、セミナービジネスをするうえで少しもデメリットではありません。
　セミナーを成功させるために、やるべきことは最初から決まっています。必要なのは、決められたことを素直に実行する行動力。これだけです。

　セミナーをやってみたいという人にとって、本書が少しでもお役に立てれば幸いです。

安井　麻代

◆目　次◆

はじめに

第1章

世界一わかりやすい中小企業のためのセミナー営業戦略

●第1章チェックシート　14

◆モノや情報が氾濫する時代、
　　　　頑張っても売れない時代がやってきた　15
◆まだあなたの会社は営業マンに頼り続けますか　17
◆お客様に会えない！営業マンはお客様から選ばれる時代に　20
◆売れない人があなたから買いたいと言われる奇跡の営業法　22
◆講演会（セミナー・イベント）を開催する企業が
　　　　今後も圧倒的に独走する根拠　26
◆セミナー開催しない会社がオワコンな理由　30

●第1章ポイントまとめ　32

◆目　次◆

第2章
小さな会社ほど、セミナー開催は必須

●第2章チェックシート　34

◆少人数ですべての経営課題を解決する方法があった！　35
◆人材難、人が採用できない！
　　　　　最小のリソースで最大の成果を出すには？　37
◆高級ホテルでの講演会開催が与える、
　　　　　予想を上回る経営効果とは？　40
◆某有名人と対談公演回を開催したものの
　　　　　成果に繋がらなかったのはなぜか？　42
◆講師の選び方、オファーの仕方　44
◆セミナー型「逆算ビジネスモデル」の作り方　46
◆見込み客に来てもらう仕組み　52

●第2章ポイントまとめ　54

◆目　次◆

第3章
実例！セミナー営業で売上を変えた企業

●第3章チェックシート　56

◆セミナー開催で化粧品・健康食品販売物販、
　　　　高級サロン経営など多角事業経営へ　57
◆セミナー開催でブランディングTV出演出版した弁護士
　　　　１年でクライアント数が倍増　59
◆セミナー開催で市場価格の３倍のパンが予約待ち　61
◆セミナー開催で高単価に成功したデザイン会社　62
◆自費率100％完全自由診療の歯科医　64
◆セミナー開催で株式投資　66
◆イベント開催でジュエリーメーカー　68
◆ブランディングセミナー、M&A会社　69
◆イベント開催で見込み客開拓　ITシステム開発会社　70
◆講演活動、視察ツアー開催、飲食店　71
◆視察イベント開催でブランディング、
　　　　社内エンゲージメント向上　食器メーカー　73
◆講座開催で月間稼働２日間　セミナー業　74

●第3章ポイントまとめ　76

◆目　次◆

第4章
これで完璧！小さな会社のセミナー営業術　〜準備編〜

● 第4章チェックシート 78

◆ 集客さえできれば会社は儲かるという幻想からの解放　79
◆ 大量規格商品以外ならセミナーで売れないものはない　82
◆ 粗利80％の商品を生み出すセミナー営業の仕組み　92

● 第4章ポイントまとめ　94

第5章
これで完璧!
小さな会社の
セミナー営業術　～実務編～

●第5章チェックシート　96

◆「ほしいもの」は直接顧客に聞け!
　　　　　　アンケート調査の落とし穴　97
◆会場手配が外部スタッフを活用するのも手　101
◆効果を10倍にするチラシ、フライヤー作成のポイント　105
◆相手の心をつかむセールスレター（WEBレター）のツボ　108
◆ランディングページが成否のカギを握る　112
◆いまの時代、動画活用は不可欠　116

●第5章ポイントまとめ　118

◆目　次◆

第6章
セミナー当日、商品がバンバン売れる仕掛け

●第6章チェックシート　120

◆小さな会社ほど情報発信が必要　121
◆WordPressを構築してブログ投稿　123
◆FBでのブログ記事拡散　126
◆YouTubeへのコンテンツ投稿　128
◆こちらから仕掛けるメディアでの記事発信　130
◆メルマガ読者を増やす、特典の作り方　132
◆メルマガリストが自動で増える広告運用　133

●第6章ポイントまとめ　136

◆目次◆

第7章
「またあなたから買いたい!」とお願いされる、セミナー開催後のフォロー

● 第7章チェックシート　138

◆ 結局、下手に出ない人がうまくいく　139
◆ ストーリーを語って、お客様をファンにするテクニック　140
◆ クロージングの練習帳!
　　　　　読むだけでどんどん成約率があがる!　143
◆ またあなたから買いたいと言われるフォロー方法　146
◆ 新規顧客から脱却して
　　　　　生涯顧客になってもらうビジネスモデル　148

● 第7章ポイントまとめ　152

出版プロデュース：潮凪洋介

制作：高田和典

11

◆目　次◆

第8章
セミナーはすべての経営課題の解決策！

●第8章チェックシート　154

◆なぜ、会社にお金が残らないのか？　155
◆9割の人が知らない、
　　　　たった一人で1億稼ぐ経営方程式　156
◆あなたの会社がみるみる利益体質になる
　　　　月1イベントの習慣　160
◆見せ方を変えるだけで3倍儲かる！
　　　　中小企業のためのセールスプロモーション　162
◆採用広告はもういらない！人材難の時代における新潮流　163

●第8章ポイントまとめ　167

　　　　　　　　　　特典　168、169、170、171
　　　　　　　　　　おわりに　172
　　　　　　　　　　奥付　176

第1章

世界一わかりやすい
中小企業のための
セミナー営業戦略

第 1 章　チェックシート

＜この章で紹介される内容＞

☐時代の消費の変化を知る

☐セミナー開催のメリットを知る

☐効率が良い営業手法を知る

☐直接見込み客様と会える機会の創出

☐売り込みではなく、買いたいと思われる

☐ブランディング手法を知る

　　　　　　　　　（理解が出来たらチェックしてみよう！）

①モノや情報が氾濫する時代、頑張っても売れない時代がやってきた

　私たちは、日々、大量のモノや情報に触れながら生きています。

　インターネットを開けば、世界中の商品をワンクリックで手に入れることができるようになりました。私も、今は店舗で買い物をすることはほとんどありません。普段の食事や日用品、何十万円もする家具や家電でさえも、インターネットで購入しています。

　店舗に行くときといえば、実際にモノを手にとって見てみたいときだけです。

　会社には毎日のように営業電話が鳴り、DMやチラシがポストに届きます。そこには新しい商品やサービスの情報が記されていますが、購入に至ることはほぼありません。本当に欲しいものは、自ら調べて購入するからです。スマホひとつあれば、自分の好きなものを、好きなタイミングで探すことができます。わざわざ、外からの情報を待つ必要はありません。

　このように、モノを買うタイミングやきっかけは、実に様々です。

　では人は、一体どんなタイミングで、モノを買う決断をするのでしょうか。

　そこで、自分自身を含め、まわりの人たちや、お客様の購買行動を観察してわかったのは、「欲しい」という感情が動かさ

れたときでした。これをビジネスパートナーの佐々妙美さんは【ニーズの種を植える】と表現しています。

　ビジネスパートナーの佐々妙美さん、坂田公太郎さんと主催していた人気講座では、北は北海道、南は沖縄から受講生が集まりました。
　この講座は社員0、月間稼働日がわずか2日間にも関わらず、年商は5,000万円です。
　受講生はセミナー講師とはまったく接点のない、普通のOLや会社員、病院をいくつも経営する医師まで多種多様な人が集まっています。
　なぜこのようなことが可能なのかというと、【ニーズの種を植える】ことに成功しているからです。
　では、ニーズの種を植えるために何をすればいいか。

その答えが、セミナーなのです

　セミナーはあらゆる経営課題をクリアにするビジネス戦略です。
　「自信のある商品なのに、売れない」
　「求人募集をかけても、人が集まらない。リクルートが全然できない」
　「高単価で売りたいのに、安値で買い叩かれてしまう」
　こんな課題を抱えている企業は少なくありません。
　しかし、上記の課題も、セミナーを活用すれば解決できてし

まうのです。
　一見して、セミナーとはまったく関係ない課題に見えるので、にわかには信じがたいかもしれませんが、事実なのです。
　私はセミナーを開催することで、売り上げを何倍にも伸ばした企業をいくつも知っています。

　あなたの会社も例外ではありません。セミナーによって大きく変わる可能性を秘めているのです。
　この本では、セミナーの必要性や、収益化の仕組み、そして、具体的な開催方法を一つずつお伝えしていきたいと思います。

②まだあなたの会社は
　営業マンに頼り続けますか

　セミナーが現代社会のビジネスモデルに適している理由をお話しする前に、従来の企業のビジネスモデルを、おさらいしてみたいと思います。

あなたは『営業』という言葉に、どのようなイメージを持っていますか？

売り上げに直接関わる仕事で、企業の花形的ポジションです。

しかし、キツいノルマや、お客様からのクレーム処理、連日の接待など、ネガティブな要素を思い浮かべる方も多いかもしれませんね。

では一度、あなたが今持っている営業のイメージを、すべて忘れてください。

なぜなら、こうした営業のイメージは、旧型のビジネスモデルでの話だからです。新しい営業スタイルを取り入れるには、従来の固定観念は不要です！

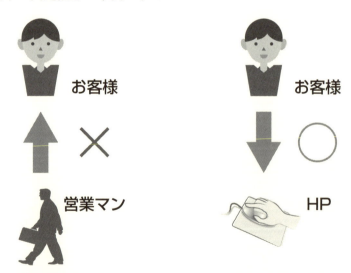

お客様にこちらからアプローチするのではなく
お客様からアプローチしてもらう

新しい営業の価値観をインストールしていただくため、ある企業の事例をご紹介しましょう。
　そのSNSのコンサルティング会社では、なんと営業を一切していません。
　営業をせず、どのようにお客様を獲得しているのかというと、その秘密はSNSです。
　ブログをはじめ、あらゆるSNSツールを使って情報発信をしています。
　そして、ブログを読んだお客様が「この会社のサービスをもっと知りたい」と思ったら、その場ですぐに資料をダウンロードできる仕組みになっています。
　つまり、お客様の方から会社にアプローチできるので、わざわざ営業する必要がないのです。

　とはいえ、この事例を聞いて、
　「SNSのコンサルティング会社だからできること」
　…なんて思う方もいるかもしれませんね。
　ではもう一つ、葬儀会社の例をあげましょう。
　これまで葬儀会社というと、提携している病院や施設から、自動的にお客様が誘導されてくるというのが一般的でした。
　ところが近年は、この流れにストップがかかっています。葬儀会社のポータルサイトの需要が高まっているためです。
　検索すれば、複数の葬儀会社をまとめて取り扱うポータルサイトが、いくつもヒットします。
　ポータルサイト内で、場所や日時、どんな葬儀にしたいか、

予算はどれくらいかなどを選択していくと、最適な葬儀会社をマッチングしてくれるようになっています。

　葬儀を終えた家族がよく言うのが、「本当はもっとコンパクトなお葬式にしたかったけど、思ったより大掛かりになり、想定以上の金額がかかってしまった」というもの。葬儀会社を選べなかった頃は、規模感や価格帯を他社と比較することができなかったので仕方ありません。

　しかし、ポータルサイトを使えば、利用者が能動的に葬儀のプランを選べるため、「想定と違った」ということが起こりにくくなります。

　何を隠そう、これは私の実体験です。

　業種に関わらず、「営業マンに頼るだけ」の営業は、すでに時代遅れなのです。

③お客様に会えない！
　営業マンはお客様から選ばれる時代に

　先日、企業で営業をしている方から、こんなお話しを聞きました。

　「ここ数年、お客様に会うことが、難しくなっている。会って話せば売れるのに、会う機会そのものが、作れないんです」

　同じように感じている方は多いのではないでしょうか。

　というのも「お客様に会いにくくなっている」というのは、私自身、実感していることでもあります。

　ただ、そうしたお悩みを持つ方に詳しく話を聞いてみると、

どうやら問題はその"やり方"にあるようなのです。

　あるオーダースーツの営業マンに、普段お客様にどんなメールを送っているか見せてもらったことがあります。すると、こんな文面が並んでいました。

「商品のご提案をしたいので◯月◯日、御社にお伺いさせてください」
「新しいスーツが入荷されたので、お見せしたいです」
「ご都合のよいお日にちをご提示いただければと思います」

　このアポイント方法の何が問題か、おわかりいただけたでしょうか？
　……そうです。お客様に対して、"お願い"しかしていないのです。
　今や、仕事の会議や商談でさえ、オンラインで完結できる時代です。わざわざ時間を取って、人と対話するということは、それ自体がコスト。にも関わらず、この営業マンは、わざわざお客様にコストがかかる方法しか提示していません。これでは、お客様にお会いするのが難しいのも当然です。
　オーダースーツを例に挙げましたが、どんなサービス、商品でも同じことが言えます。
　時間を作って会うことがコストとなると、セミナーはその最たるものです。日時を合わせ、申込みをし、交通費をかけて、時間を拘束されにいくようなものです。
　しかし、私が主催するセミナーには、それでも多くの人が来

てくださいます。遠方からはるばる足を運んでくださる方も、珍しくありません。加えて、いらしたお客様の７割以上が、リピーターになってくださいます。

　会うことがコストであるこのご時世に、わざわざ私のセミナーに来てくださるお客様には感謝しかありません。

「なぜ、安井さんのセミナーには、そんなに人が集まるんですか？」

　と、よく同業者に聞かれます。

　答えは簡単で、人が集まる仕掛けを、たくさん作っているからです。

　リピーターがつくのも、お客様が何度も足を運びたくなる仕掛けを用意しているだけなのです。そしてそれは、誰にでも真似できます。

　お客様にとってコストでしかなかった「直接会う」ことも、セミナーによって、価値ある行動へと変えることができるのです。

④売れない人があなたから買いたいと言われる奇跡の営業法

　セールストークをいくら練習しても成果が出ない、そもそも、対面でのセールスが苦手…私は、そんな営業マンたちを、ゴマンと見てきました。

　この本を手にしているあなたも、そんな悩みを抱えているの

ではないでしょうか。
　しかし私は、何をしても売れなかった人が、一日で100万円以上売り上げる光景を何度も見てきました。
　セールストークを変えたわけでも、商品をリニューアルしたわけでもありません。

　彼らが何をしたかというと、そうです。セミナーです。
　セミナーを開催しただけで、どうしてそんなにも売ることができたのか？　実例でご紹介しましょう。
　マーケティングの専門家であるK氏は、これまで数々の実績を出している講師。自らが考案した、マーケティングの手法を教える継続講座は、40万円と高額でしたが、充実した内容で文句のつけようがないコンテンツでした。
　ところがこのK氏、対面でのセールスがとにかく苦手だったのです！
　どれだけ苦手だったかというと、マーケティングを駆使して集客もセールスも完全自動化してしまうほど。

　そこで私がご提案したのが、『**BBQ交流会**』です。
　「マーケティングの専門家のサービスを売るのに、なぜ、BBQ？」と変に思われるかもしれませんね。しかし、これこそが、商品を売るための戦略なのです。
　さっそく私は、SNSなどを通じて、「美味しいお肉を食べる会を開くので、遊びに来ませんか？」と、集客をはじめました。
　ここでのポイントは、メインはあくまでBBQとしつつ、

【スペシャルゲストとして、マーケティングの専門家がいらっしゃいます。興味がある人は質問もできますので奮ってご参加ください】

というPRを忘れずに書き添えることです。

すると、集まるお客様は

> ①純粋にBBQを楽しみたい人
> ②マーケティングに少し興味があるから、BBQを楽しみがてら話を聞きたい人
> ③マーケティングに興味がある人

という、3つのパターンに分かれます。

もしもこれが、単なる『マーケティングのセミナー』だったらどうでしょう。

マーケティングに興味のある人が集まれば、まだいいほうで

集客しやすい　　　　　　　　集客しにくい

イベント	セミナー
・BBQで楽しい、美味しい ・トークセッションで興味付け	・課題が明白な人が参加 ・購入検討段階にある人

す。最悪、まったく人が集まらない可能性もあります。

　なぜなら、大抵の人はセールスされることに良いイメージを持っていません。『マーケティングのセミナー』というダイレクトなネーミングにしてしまうと「最終的に商材を売りつけられるんだろう」という心理が働き、敬遠されてしまう恐れがあるのです。家に例えるならば、玄関にすら来てもらえない状況です。

　それならば、お客様がつい行きたくなるようなイベントに変えてしまえばいいのです。

　BBQ交流会を主軸にして、マーケティングセミナーをおまけにしてしまいます。するとどうでしょう。イベントのイメージがガラリと変わると思いませんか？

　『セールスされるかもしれないマーケティングセミナー』から、『BBQを食べつつ交流会ができ、さらにマーケティングセミナーも受けられるお得なセミナー』になるのです。

　私の思惑通り、「③マーケティングに興味がある人」はもちろん、「②マーケティングに少し興味があるから、お肉を食べがてら話を聞きたい人」も一緒に集客することに成功したのです。

　当日は、お肉を食べつつ、私と講師でトークセッションを行いました。

　マーケティングの必要性や、マーケティングを学ぶことでどんなメリットが生まれるかなどを語り、お客様に興味付けをします。

　そして、最後に「興味がある方は個別に相談しに来てくださ

い」と一言添えます。

　すると、面白いことに、それまでお肉に夢中だったお客様の中から何人かが、ちらほらと相談に訪れるのです。

　もしも、「マーケティングの継続講座をぜひ買ってください」と言っていたら、こうはいかなかったでしょう。こちらからお願いするのではなく、お客様自身が考えたうえで、動いていただくことが重要なのです。

　この日は最終的に、40万円の商品を5本売り上げました。あっという間に200万円を売り上げたのです。それもたった一日で。

　極論を言うと、きっかけは、マーケティングでも、BBQでもなんでもいいのです。大事なのは、「話をちゃんと聞いてもらえる場」を作り、そこに足を運んでもらうことです。

　たとえ興味がある話題でも、一方的に話されたら普通の人は引いてしまいますよね。

　もちろん、純粋にBBQだけを楽しみに来た人たちにとっても、満足いただける会にします。SNSで告知する際に、「オマール海老も仕入れました！」など、参加者の期待感を上げることも仕掛けも忘れません。

　いかに面白そうなイベントだと思ってもらえるかが重要なわけですから、そのためにベストを尽くすのです。

⑤講演会（セミナー・イベント）を開催する企業が今後も圧倒的に独走する根拠

　新しいセールスの手法で成功した例を、もう一つご紹介しま

しょう。

　ある株式投資を取り扱う会社は、都内の一流ホテルを会場にして、講演会を開催することにしました。

　ゲストとして招いた一流文化人と社長による対談のほか、企業の理念や、商品の内容などをたっぷり伝える2時間です。

　講演会にかかった費用は、講師へのギャラも含め、全部で1,000万円。

　1,000万円は決して、安い金額ではありません。

　ただし、1,000万円かけて行なった講演会は、それ以上の利益をもたらしてくれました。

　まず、1日だけで6,000万円の売上がたちました。次に企業イメージが高まったことで、たまたま投資の勉強のために参加していた学生がその企業に就職しました。さらに、提携したいという企業からのオファーもありました。

　講演会を開催したことで6,000万円の売上と、120万円の採用コストの削減、新しいビジネスパートナーの開拓ができたのです。

　セミナーによって、企業の『ブランディング』を高めることに成功したのです。

　消費者は、良くも悪くも、企業のイメージを見ています。

　経済力のなさそうな企業のことは、まず信用しませんし、サービスや商品を購入することもありません。

　であれば、経済力があるようなブランディングをすることが必須です。そこで、手っ取り早くできる手段が、「一流ホテル

で講演会をする」ことなのです。著名人をゲストに招けば、さらに箔がつきます。

「こんなことで？」と思われるかもしれませんが、事実そうなのです。「こんなこと」で、企業のイメージは決まってしまうのです。

費用はコンパクトに、しかし、数をこなすことで成功を収めた例もあります。

ある有名企業の会長は、ものすごい数の講演会をこなしていました。

その業界では知らない人はいないほどの有名人なのに、格安のギャラで、さらに20人程度の小規模な講演会でも来てくれるという、サービス精神の塊のような人です。セミナー主催者をしている私にしてみたら、最高の講師です。

もちろん、この活動は、会長の戦略です。

会長自らが広告塔となって講演会に立つことは、企業の魅力をアピールするうえで、これ以上ない成果を発揮します。

一流ホテルでの講演会

その効果を知っていたからこそ、会長はいくつも講演会に立ち、そこで多くのお客様と直接話すことで、ファンを拡大していったのです。

　ストーリーが大好きな日本人にとって、企業がこれまで歩んできた道のりや、サービスにかける熱い思いというのは、何よりも刺さるセールストークでもあります。その企業を応援したい気持ちが芽生えるのです。
　私の会社でも企業訪問ツアーを定期的に開催していますが、参加される方は、もれなくその企業のファンになります。

　「**商品の所有＝モノ**」に価値を見出していたのは、過去の話です。
　時代は、コト消費です。
　今は、商品やサービスを購入したことで得られる「体験＝コト」への価値が高まっています。
　つまり、モノを売る企業にとって、自社の商品をいかに上手く宣伝していくかが、今後、企業が生き残っていくための鍵でもあります。
　その宣伝手段の一つが、講演会なのです。
　ちなみに、大規模な講演会を開催すると、営業しなくてもお客様がやってくるというメリットもあります。
　私の会社でも、ときおり100人規模の講演会を開催することがあるのですが、講演会直後から、一気に仕事の依頼が舞い込みます。

講演会をきっかけにファンになってくれたお客様が、「この会社に仕事を依頼したい」と思ってくださるからです。

⑥セミナー開催しない会社がオワコンな理由

　私は職業柄、様々な企業とのお付き合いがあります。
　大企業や中小企業、サービスのジャンルや売り上げ、従業員数も様々です。
　その中でときおり、「なんて、もったいないんだ！」と思う企業に出くわすことがあります。
　それは、サービス、商品、コンテンツ、どれをとっても魅力的なのに、それをまったく、お客様に伝えられていない企業です。

【セミナーで得られるもの】

商品の魅力を伝えられる

お客様に納得して買ってもらえる

商品やサービスの高単価が可能

ファンを創れる

体験・体感してもらえる

意見を直接聞ける

魅力がお客様に伝わっていないので、当然、売り上げも頭打ち状態です。
　なぜ、魅力が伝わらないのか？　理由は簡単です。お客様に、商品の良さを伝える場を、作っていないからです。
　そういう企業は大抵、商品を並べていれば、お客様が来て買ってくれるだろうと思っています。伝えなくても勝手に伝わると思っているのでしょう。
　しつこいようですが、待っているだけでお客様が来てくれる時代は、とっくに終わっています！
　そんな、もったいない企業に対して私はいつも、
「セミナーをすればいいのに」
と内心思っています。
　セミナーは、お客様に直接お会いし、商品の良さを伝える場です。

　前項でご紹介した、マーケティングコンサルタントや、不動産会社のように、セミナーやイベントを開催して、お客様に企業や商品の魅力がダイレクトに伝われば、ちゃんと売り上げに連動するのです。

　できるだけコストを抑えたい中小企業にこそ、セミナーはぜひ、実践してほしいビジネスの手段です。

　第2章では、その理由をお伝えしていきます。

第 1 章　ポイントまとめ

1 ）セミナー開催でニーズの種を植える
2 ）セミナー開催で営業コストの削減
3 ）セミナーやイベントは能動的に
　　見込み客に集まってもらうことが可能
4 ）BBQ などのイベント開催で楽しんでもらいながら販売
5 ）講演活動で会社の認知度を高める
6 ）著名ゲストとの登壇で企業イメージのアップ
7 ）セミナーは経営課題を解決する手段

第2章

小さな会社ほど、セミナー開催は必須

第2章　チェックシート

＜この章で紹介される内容＞

□少人数でできるビジネスモデル

□社内リソースがなくても細分化することで外注化

□人材難も解決できるセミナー・イベント開催

□高級ホテルなど会場が与える影響を知る

□商品の魅力を倍増するキャスティング

□ゴールとする成果に結びつけるには？

□最大の効果を得られる講師の選び方

□全体設計と行動計画を考える時代の消費の変化を知る

（理解が出来たらチェックしてみよう！）

①少人数ですべての経営課題を解決する方法があった！

　第1章では、今の時代の営業モデルについてお伝えしました。既存のやり方が時代遅れだということがわかっていただけたと思います。

　ここからは、中小企業が持つ課題を解決する方法について、具体的にお伝えしていきます。
　経営者が抱える悩みは、大きく3つに分かれます。
「**売り上げ**」、「**集客**」、そして、「**経費削減**」です。
　経営者向けのセミナーを開催する際、この3つのキーワードを告知文に入れるだけで、お客様からの反応がかなり違います。
　それだけ、経営者にとって売り上げ、集客、経費削減は、重要課題ということなのでしょう。
　しかし、こうした課題もやはり、セミナーで解決することが可能です。

　セミナーは、少人数でできるビジネスモデルです。
　第1章でも触れたように、ビジネスパートナーの佐々妙美さんの会社は、社員0人、月間稼働日が2日で、年商5,000万円です。驚くべきことに、このほとんどが利益です。
　またしても手前味噌で恐縮ですが、私の会社も同様に社員はゼロ。年商は1.2億円です。
　少人数どころか、社員ゼロ人でも大丈夫なのは、セミナービ

ジネスの仕組みが関係しています。

　セミナーは、普通の物販と異なり、売り上げをある程度コントロールすることができるビジネスです。

　まず、セミナーで売るものと、その目標売上を決めます。

　売上目標を100万円とした場合、商品単価が30万円なら4本売れば目標達成です。

　4人の人に買ってもらうには、セミナーに何人集客すればいいのか…と、どんどん逆算していきます。

　売上目標と集客目標が決まったら、あとは、セミナー当日に合わせてアルバイトを雇うなどすればOK。告知に必要なチラシやセールスレターも、専門のデザイナーさんに外注します。

　集客に困ったときは、集客専門の会社に頼んでおまかせします。

　参加者名簿やステップメールをセットするなどの雑務は、オンラインアシスタントを利用します。

　オンラインアシスタントは、その名の通り、ネットを介してお仕事をお願いできる専属秘書のようなものです。

　経理やWEBサイトの運用など、手が回らない事務作業をお願いできます。

　一人経営の私にとって、欠かせないビジネスパートナーです。

　おわかりいただけたでしょうか。このように、セミナーの運営は、ほとんど外注で事足りるのです。スタッフがゼロでも平気なのは、こういう理由からです。

　あらかじめ、商品を何セット売るのかを決めて、売り上げを

計算できるので、きちんと逆算できていれば、外注をフル活用しても、赤字になる心配はありません。

逆算のビジネスモデルは、このあとの④の項目で詳しく解説します。

大部分を外注しているため、私の主な仕事は、全体のスケジュール管理と、ディレクションくらいです。

②人材難、人が採用できない！
最小のリソースで最大の成果を出すには？

先ほど、経営者が抱える代表的な悩みとして、

売り上げ、集客、経費削減

の3つを挙げました。

さらにもう一つ、経営者が抱える深刻な悩みがあります。人手不足です。

経営者の方から、「採用広告費を何百万円もかけたのに、応募がまったく来ない」という嘆きを聞きます。

特に、エンジニア不足は深刻で、人材を紹介してほしいと言われることも少なくありません。

厚生労働省の最新の調査によると、2018年11月の有効求人倍率は全国平均で1.63倍です。つまり、求職者1名に対して、求人は1.6件ある計算になります。

その結果、企業間の人材獲得競争が激化し、人材難が深刻化したと考えられています。
　超売り手市場なわけですから、普通に求人広告を出しただけでは、応募がこないのも納得です。採用が難しくなり、離職のリスクが高くなれば、採用コストは跳ね上がり、これではますます悪循環です。
　少子高齢化はまだまだ進行し、若者の人口がますます減少することを考えたら、この傾向は悪化することはあっても、改善する可能性はほぼないでしょう。

　「人を集める」企業と「人が集まる」企業、言葉にしてみると僅かな違いです。しかし、その意味は大きく異なります。
　どうやって人材を集めるか？　を考えるのではなく、どうすれば、採用希望者が喜んで「集まる」会社を作れるのか？　そんな発想の転換が、企業に求められています。
　さて、そんなリクルートに悩む経営者を助けるのが…もったいつけなくてもおわかりですね。そうです、セミナーやイベントなのです。商品を売るだけでなく、リクルートでも大いに役立ちます。
　ある盛況な就活イベントの事例をご紹介しましょう。

　そのイベントでは、企業名も学生の大学名も伏せるのが条件です。
　ワークやプレゼンを通じて、企業と学生が交流をします。学生は、面白そう・働きたいと思えるような企業を探すのに一生

懸命ですし、企業は企業で、「どうすればより学生に自社の魅力を伝えられるか？」を考えていますので、必死にアピールします。学生たちによりインパクトを残すため、人事担当がコスプレをしてPRをすることもあるとか（！）。

そして、イベントの最後に「この企業で働きたい！」と思った学生とマッチングするという、大変ユニークな催しです。

単に盛り上がるイベントというだけでなく、あえてブラインドで交流することで、企業も学生も、お互いをより知ろうという姿勢に変わります。

そのため、普通の採用広告ではまったく応募のなかった企業も、そのイベントでは人気NO.1になることもあるそうです。

求人広告を通じてわかるのは、年収や福利厚生などの条件だけです。でも学生たちが本当に知りたいのは、「その会社で働きたいかどうか」ですよね。企業側も、「企業が求める人物像」を学生に求めます。

両者が知りたい情報を得るには、前ページのようなイベントはもってこいです。

　ちなみに、弊社でもセミナーのアルバイトスタッフをわざわざ新しく募集することはありません。過去にセミナーに来ていたり、講座に参加してくれた生徒さんたちをスカウトしています。私の周りのセミナー会社や企画会社を見てみても、元生徒さんを採用するというパターンは多いです。

　リクルートの新しい戦略として、セミナーを一つの選択肢に加えてみてはいかがですか？

③高級ホテルでの講演会開催が与える、予想を上回る経営効果とは？

　モノを売ることも、リクルートすることも、セミナー・イベントが、有効な手段だとお伝えしました。

　さらに、もう一つセミナー・イベントが果たす役割が、"ブランディング"です。
　第1章では、講演会でブランディングを成功させた不動産会社のエピソードをお話しましたが、ここでは、さらに詳しくブランディングの大切さをお伝えします。

　テレビCMや雑誌の広告を思い出してください。

人気アイドルや、旬の女優さんなどをイメージモデルに起用していますよね。

女性用化粧品には、人気女優
家庭用品には、ママタレント
食品にはアスリート

……などなど、その商品のイメージにあった、有名人が起用されています。
商品との親和性が高く、なおかつ、消費者からの好感度が高い芸能人が宣伝することで、商品の価値が上がるからです。
逆に、好感度の低いイメージモデルを起用して、不買運動が起きた、なんてニュースもたびたびあります。
最近では、SNSを主戦場とするインフルエンサーたちの影響力も、注目されています。数十万、数百万ものフォロワーを抱える彼らが持つ影響力は、企業も放っておきません。名だたる大企業が直々にオファーを出して、人気YouTuberに商品を宣伝してもらうのも、当たり前の光景です。

誰を商品の広告塔にするかは、商品が売れるかどうかの分かれ道です。
トップクラスの芸能人やインフルエンサーともなれば、広告費に何千万円かかることも珍しくありません。
ブランディングのためには、それだけの費用を投資する価値があるということです。

講演会も、これとまったく同じ仕組みです。
　開催場所がどこか、講師が誰かで、お客様に与える印象は、天と地ほど違います。

　たとえば、企業が、著名な文化人をゲストに、高級ホテルで講演会をすることになりました。あなたはその企業に対して、どのようなイメージを抱くでしょうか。
　その文化人の信頼度や知名度が高いほど、企業に対する信頼度も上がってくるはずです。

　ブランディングの大切さ、おわかりいただけましたね。
　お客様からの信頼を得たいのであれば、ときには大きな投資も必要なのです。

④某有名人と対談公演回を開催したものの成果に繋がらなかったのはなぜか？

　ブランディングについて説明しましたが、誤解しないでほしいのは「有名人さえ呼んでおけば、なんとかなる」ということではありません。

　ある企業では、ブランディングを目的としたセミナーに、有名な文化人を呼んだのですが、300人のキャパシティを持つ会場に、150人しか集まらなかったということがありました。
　なぜ失敗したのかと言うと、有名人のネームバリューに頼り

すぎて、企業側はほとんど集客をしなかったのです。

　実はこのとき、集客専門の業者にも依頼していました。ところが、この業者もうまく機能しなかったというのも、失敗の要因でした。
　契約の段階で、「最低でも◯人を呼ぶ」という項目を盛り込むべきところを、うっかり見落としてしまったのです。有名人が来るから大丈夫だろうという慢心があったのでしょう。

　有名人を呼ぶにしろ、呼ばないにしろ、成果につなげるためには、全体設計は欠かせません。
　なんの目的でセミナーを開催するのか、目的達成のためには何人を集客しなければならないのか、そのためにはどんなアプローチが必要で、スタッフを何人動員すればいいのか…など、はじまりから終わりまで見通すのが主催者の役割です。

　また、スタッフに指示したところで、それを完璧にこなしてくれるとは限りません。指示がうまく伝わっていない可能性もありますし、どこかで手を抜いていることだってあるかもしれません。全体の進行をしつつ、進捗状況を常に把握することが、目標達成の秘訣です。

　有名人を呼んでも自動的に集客できるわけではないことを、肝に銘じておきましょう。

⑤講師の選び方、オファーの仕方

　ブランディング作りの話に付随して、講師選びについてもお話したいと思います。

　まず、講師の人選ですが、客層のイメージと合っているかが重要です。40代のビジネスマンが多くいらっしゃるセミナーに、20代の人気タレントを呼んでもピンと来る人は少ないですよね。かなり極端な例ですが、要するにそういうことです。

　客層と合っている講師かどうかは、慎重に精査する必要があります。できるだけ大勢の人から意見をもらうようにしてください。

　もう一つ気をつける点としては、自社の商品とバッティングしない人かどうかです。

　たとえば、化粧品会社のセミナーに、人気の美容家を講師に呼ぶのはNGです。もし美容家がプロデュースしている化粧品があれば、お客様はそちらに流れてしまいます。自社製品を買っ

自社の商品　　　　　　**講師の商品**

　　化粧品　　　　　　　　　化粧品

まったく同じ商品は避ける

てもらうチャンスを潰すような人選は避けましょう。

バッティングはしないけれど、親和性がある講師であることがベストです。

化粧品会社であれば、皮膚科医や、モデルなどがこれに当てはまると思います。

人選が決まったら次はオファーです。

文化人やタレントへのオファーはハードルが高いことだと思われがちですが、実際はそんなことはありません。講師派遣業者に委託すれば、企画書からスケジュール調整まで、オファーをワンステップで請け負ってくれます。

企業の社長、人気タレントなど、本業が忙しい方にオファーする場合は、すでにパイプを持っている業者を利用したほうが、返答が早いこともあります。ぜひ利用したいサービスです。

ただし、業者を利用することで、費用が高くなりやすいというデメリットもあります。

依頼料が最低5万円、これに別途講師へのギャラが発生する業者もあれば、依頼料はゼロ、ただし講師の登壇費用は30万円以上のみしか受け付けないなど、業者によってシステムは様々ですが、予算は多めに見積もったほうがよさそうです。

一方、業者を通さず、直談判する手法ももちろんあります。

やることは業者と同じで、企画書を送り、条件が合えば交渉成立です。広報がしっかりした企業なり事務所であれば、必ず返答はいただけます。

ただ、知名度の低い企業だと、交渉に入る前に断られるケー

スも珍しくありません。企業の信用度も、講師にとっては判断基準の一つです。

一方で、セミナーやイベントの内容に賛同してもらえたら、破格の条件で登壇してくださる方もいます。

実際に、私が先日主宰したセミナーで、某大手酒造会社の会長さんに講師として登壇してもらったのですが、費用は5万円でした。

セミナーのテーマは『新しい働き方』。その思いに共感していただき、低価格での登壇を引き受けていただけたのです。

講師派遣業者に依頼したら、2、30万円はかかる人です。価格交渉の幅が広いのは、直談判ならではのメリットです。

⑥セミナー型「逆算ビジネスモデル」の作り方

セミナー開催の手順は、すでに決まっています。最初から会場を押さえたりはしませんし、唐突に集客をはじめることもあ

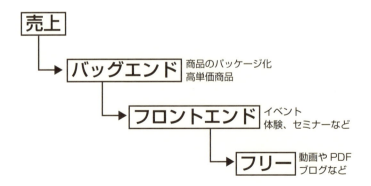

りません。順番を誤ると、スムーズな開催からは遠ざかります。
　反対に、手順さえ守って進んでいけば、失敗することはまずありません。
　そこで、キーワードとなるのが『逆算』です。セミナービジネスでは最初に、売り上げ目標がありきです。目標金額が決まったら、次に考えるのは、その数字を達成するには何個売ればいいのかということです。さらに、その個数を売るためには、何人にセミナーに来てもらえばいいのか……という風に、どんどん逆算していきます。

　では、シミュレーションするにあたり、ここでは『化粧品会社がセミナーを開催する』という。
　まずは、第一段階の『全体設計』のお話からしていきましょう。

●第一段階『全体設計』

　セミナー開催を決める、すなわち、企画が固まったら、最初に設定するのが売り上げです。仮に、売上目標を「50万円」に設定します。
　売上目標が決まったら、次に決めるのが販売する商品の価格です。
　すでに高額な収益商品があるという方もいるかもしれません。それであれば問題ありませんが、なかには単価の低い商品しかないという方もいると思います。
　たとえば単価5,000円の商品で、50万円を達成するのは至難

の業です。売上目標を達成するには、で100人に売る必要があります。

　直接お客様にお会いして販売するセミナービジネスにおいて、限られた時間内で100人のお客様すべてに対応するのは現実的ではありません。

　セミナーでは、高額な収益商品を構築して販売することが、ビジネスの要です。売り上げを決める前に、今一度商品の価格を見直してください。

　単価5,000円の商品の場合には、次のような方法が考えられます。

> ①値上げを検討する
> ②新たに高額な新商品を開発する
> ③化粧品をパッケージ化し、定期購入にする

　①は、シンプルに値上げをするというものです。もちろん、適正価格かどうかを見直した上で、値上げの余地がある場合に限った話です。

　すでに適正価格で、値上げのしようがない場合は、②で高額な新商品を開発するのも一つの手です。ただし、制作にはある程度の費用と期間が必要になります。

　そこで私のおすすめは、③の、5,000円の商品をパッケージ化するというものです。

　12ヵ月間の定期購入プランを作り、通常6万円のところを、

特別割引として5万円にします。すると、あっという間に5万円の高額収益商品の完成です。

すでに自社製品を持っているというのであれば、パッケージ化を検討してみてください。

50万円を売上目標を達成するには、5万円の商品を10人の人に売ります。では、10人に販売するには、何人集客すればいいのでしょうか？

はじめてのセミナー開催の場合、クロージング率の実数値は見当がつきません。なので、仮の数字を当てはめて考えます。

実際の現場では、クロージング率は30％いけばかなり優秀です。50％を超えるとそれはもう驚異的な数字です。相当なクロージング率といえます。

さすがにそんな予測を立てるわけにはいかないので、ここでは低めに見積もり、10％とします。

低めに設定してはいますが、10％のクロージング率が達成できない場合は、むしろ商品の力が弱い可能性があるので、再度検討するべきでしょう。

クロージング率が10％ということは、10人に売るために、100人を集客することになります。ここからさらに逆算していきます。100人を集客するためには、何人に向けて宣伝・告知すればいいでしょうか？

私がこれまで手がけてきたセミナーのデータからいうと、1万件のリストに告知をすると、参加率はそのうち1％です。つまり、1万人にアタックして、ようやく100人の集客が現実

化します。

　最初から潤沢な顧客リストを持っていればいいのですが、そうでない場合も多いはずです。その場合は、1万人に告知できるよう、広告を使うなど、アプローチ方法を検討します。最初に売上目標が立っていれば、制作費の予算も立てられます。広告費もできる範囲内で調整すればいいのです。

　これで終わりではありません。まだまだ逆算していきます。

　仮に、顧客リストを5,000件持っていたとして、一日で全員に声をかけることは不可能です。一日に何人声をかけられるのか、その作業に一日どのくらいの時間を費やすのか……と、考えていきます。

　逆算していく感覚が、なんとなくおわかりいただけたでしょうか？

　売り上げや集客の数字が予測できたら、第二段階へと進んでいきます。

●第二段階『行動計画』

　第一段階では、50万円を売り上げるための、収益商品の価格、そして集客人数や告知人数などを決めました。第二段階は、『行動計画』です。

　100人集めるためには、
　①どのくらいの期間が必要か
　②行動するにはどのタイミングがいいか
　これも、準備期間の目安に従って、逆算していきます。

セミナーを開催するのに、1年前から集客をするのでは早すぎます。半年前でもまだ早いです。お客様がスケジュールを立てるのにちょうどいいタイミングが、3ヵ月前の告知です。

3ヵ月前から告知を始めるということは、その時点でチラシが完成していないといけません。制作会社によって異なりますが、チラシは大体1ヵ月あれば完成します。なので、チラシに記載する内容、つまり日時や場所などは、その前に決定させておく必要があります。

第一段階、第二段階の動きをまとめたのが、こちらの図表です。セミナーの内容によって、収益商品の構築方法や、集客方法などは異なりますが、全体設計でやるべきことや、行動計画の流れなどは、どんなセミナーにも通ずることです。

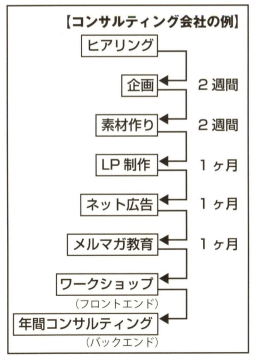

左記の図表を参考に、ご自身のセミナー開催までの道のりを逆算してみてください。

⑦見込み客に来てもらう仕組み

　行動計画が逆算できたら、次に考えるべきは、具体的な集客の方法です。
　セミナー主催者の多くが、まず苦戦するのが、この集客です。
　どんなに魅力的な内容のセミナーだとしても、お客様に来ていただけなければなんの意味もありません。

　そこで、第1章でも触れた「BBQ交流会」が集客のヒントになります。
　本来のテーマである「マーケティングのセミナー」とは別に、もう一つメインのテーマを加えて、間口を広げるのです。

　マーケティングセミナーよりも、BBQ交流会のほうが、とっつきやすくて、面白そうだなと思えてきませんか？
　ターゲットを「マーケティングに興味のある人」に絞ると、集客は難しいですが、
　「BBQをしたい人（＋マーケティングに興味がある人）」
　とするだけで、間口はぐんと広がります。

　「マーケティングに興味はあるけど、当日お肉を食べるだけでもいいなら、ちょっと行ってみるか」という、動線が作れたら、こっちのものです。
　もちろん、BBQをしたいだけの人も大歓迎です。なぜなら、その人は将来的にあなたの見込み客になります。

一度接点が生まれれば、顧客リストに乗せることができるので、次のイベントのご案内ができるので、BBQ目当ての参加者も大歓迎なのです。

「それなら、むしろBBQをしたい人だけにターゲットを絞ってしまったほうが、もっと人を呼べるのでは？」と思うかもしれません。ただ、それだと危険なのです。

完全にターゲット以外の人が来てしまい、セミナーの質が落ちてしまう恐れがあります。セミナーの質を担保するためにも、マーケティングセミナーを開催するという文言は必須なのです。

第2章　ポイントまとめ

1) デザイナーやライター、オンラインアシスタントの活用
2) 中小企業は採用イベント開催で採用活動を有利にする
3) TV CM の効果をセミナー・イベントに取り入れる
4) 客層と合っている講師をキャスティング
5) 親和性があるけど商品がバッティングしない講師を選ぶ
6) 直接企画の提案で講師料を低めに抑える
7) いくら売上が欲しいか？そこから考える
8) 初回のクロージング率は 10% と見積もる
9) 集客は告知した数の 1% 程度

第3章

実例!
セミナー営業で
売上を変えた企業

第3章 チェックシート

＜この章で紹介される内容＞

□セミナーやイベント開催でビジネスを拡大した企業例

□エステティシャンから事業家した例

□TV出演・出版文化人となった弁護士

□市場価格の3倍予約待ちのパン屋

□保険診療から脱し、自由診療となった歯科医

□セミナー開催で業績UP投資会社

□セミナー開催で会社の信用度があがったM&A会社

□イベント開催で受注ITシステム開発会社

□講演活動や視察訪問で一躍有名となった飲食店

□社員の離職率が低下食器メーカー

□月間たった2日間稼働のセミナー業

　　少人数でできるビジネスモデル

（理解が出来たらチェックしてみよう！）

第3章では、実際にセミナーを開催したことで、売り上げアップ、集客率上昇など、効果のあった実例をご紹介していきます。

①セミナー開催で化粧品・健康食品販売物販、高級サロン経営など多角事業経営へ

美容関係者がセミナーを活用するケースは、珍しくありません。
セミナーをきっかけに、多角事業経営をするようになったエステティシャンのお話しです。

その方は、元々、エステティシャンをされていました。
しかし、現場に立つ日々の中で、徐々に肌の表面だけをケアすることに対して疑問を持つようになります。身体の内面や日々の生活が肌に影響を与えることに気づいたのです。

そこでそのエステティシャンは、肌と健康の関係を、より多くの人に知ってもらうためのセミナーを開催します。当日、会場には、いくら高級化粧品を使っても肌トラブルが良くならない方や、身体の中から美しくなりたいと願う女性が大勢集まりました。

セミナーでは、食生活から始まり睡眠や運動の重要性を訴えるとともに、根本から美しくなるには、高価な化粧品ではなく、日々の生活を丁寧に生きることだということを伝えました。

セミナーを開催するごとに、エステティシャンの支持者は増えていき、先生と呼ばれるようになりました。
　それをきっかけに、オリジナル化粧品の開発も始めるようになり、健康に良いサプリメントなども販売し、さらには今では高級サロンも運営しています。一エステのエステティシャンに過ぎなかったのが、セミナーによって事業化へと転身したのです。

　ちなみに、このセミナーでは、思いがけない副産物もありました。
　当時、私は運営として関わっていたのですが、セミナー終了後の懇親会をどこで開催するかで悩んでいました。
　身体の内側から美しくなろうと伝えているセミナーの懇親会で、普通のレストランに行ったのでは説得力がありません。

セミナーでファン獲得
↓
物販
↓
店舗経営

そこで私が利用したのが、グラスフェッドビーフなどを使った、身体に優しいケータリングでした。

化学調味料などは一切使わず、自然栽培・有機栽培の野菜、抗生物質を使っていないお肉などを使った料理が楽しめるケータリングです。

このチョイスは、セミナーに参加していたお客様たちに、大変喜ばれました。それだけでなく、お客様たちの熱い支持と支援を受けて、なんとこのケータリング業者、実店舗を構えることになったのです。

お客様と直接お会いできるセミナーでは、このように、新しいビジネスチャンスがたくさん転がっているのです。

②セミナー開催でブランディングTV出演
　出版した弁護士1年でクライアント数が倍増

弁護士の実例をご紹介します。

その方は、中小企業のクライアントを抱える弁護士で、私のコンサルティングを受けてくれました。

弁護士として、裁判で闘うクライアントを多く見てきたその先生は、「係争にならないためには、契約段階が重要」という思いから、専門的な人員がいない中小企業のために、セミナーを行うことを思いつきます。

コンサルティング後まもなく、『現役弁護士が教える、予防法務』というテーマでセミナーを開催するようになります。
　すると、1日で参加費3万円の高額セミナーにも関わらず、すぐに、30人のお客様が集まりました。その後、顧問契約を結ぶ受講生も多かったため、それらも合わせるとセミナー売り上げは900万円でした。

　予防法務に対する世間一般の関心が、想像以上にあったというのも、集客に成功した理由ですが、それともう一つ、この先生が行った集客成功の秘密がありました。それは、別の会合のセミナーにゲスト出演するということです。

　自身でセミナーを主催する前、中小企業の勉強会から、「ゲスト講師として登壇してくれないか」と、オファーを受けます。
　その勉強会に集まったお客様は、問題意識を抱えた経営者たち。つまり、顧客のターゲット層がまったく一緒だったのです。この機会を逃す手はありません。
　案の定、予防法務のお話に興味を持ったお客様たちが、セミナーに参加してくれた…というのが、集客成功の裏話です。

　その後、この先生は、書籍出版やテレビ出演も果たし、一躍人気者に。クライアント数が倍増し、しました。
　現在もクライアントの問題に対処する傍ら、セミナー講師として多くの人に予防法務の大切さを伝えています。

③セミナー開催で
　市場価格の3倍のパンが予約待ち

　私は、「こだわりの商品を販売する際には、絶対にセミナー開催をするべき」と、様々なところで発信しています。この本の中でもすでに、繰り返しお伝えしていますよね。
　なぜなら、生産者がどんな思いで、どれだけの手間暇をかけて商品を作っているかをお客様に直接お伝えするためには、セミナーが一番簡単だからです。

　とあるパン屋の実例をご紹介しましょう。

　皆さんは、普段持食べているパンが、どんなふうに生産されているかご存知ですか？
　スーパーに並ぶパンには、多くの場合、品質を安定させるための添加物が使われている上に、海外の小麦粉を使っています。
　体に蓄積された添加物は、人体に多大なる悪影響を及ぼすというデータもありますが、大量供給のためにはこういった添加物の使用も仕方ないという側面もあります。
　この添加物などが、人体に大きな影響を与えているのです。

　ただ、国内産・無農薬で作られている小麦や天然酵母を使ったパンの生産は、原材料の生産量が多くないこともあり、大変です。
　農薬を使わないため、小麦の収穫量がコントロールできず、

天候次第では不作になることもあります。

　せっかく高いパンを注文したのに、届かない…。普通じゃ考えられませんよね。しかし、このパン屋のお客様は、それで納得しているのです。

　その理由は、「セミナーでパンの素晴らしさを、しっかり説明しているから」です。

　セミナーでは、添加物が人体にもたらす害悪を説明するとともに、無農薬のパンがいかに安全で美味しいのかを伝えました。もちろん、生産量の少なさなどのデメリットも一緒に伝えますが、それもこのパンの特徴なのだということを、直接話すことでお客様に理解してもらえるのです。

　セミナー会場での即売会では、毎回、商品が飛ぶように売れます。さらに次シーズンのパンの注文も殺到し、予約でいっぱいに。

　割高で、素朴なパンでも、価値を伝えることで、お客様の購買意欲を促進することができるのです。

④セミナー開催で　高単価に成功したデザイン会社

　セミナーによって、モノの価値が正しく伝われば、高単価な商品も売ることができるということがわかったと思います。これは、工夫次第で様々なサービスで応用可能です。

　ランディングページ会社の例をご紹介します。

セミナーを開催するにあたり、重要なのがランディングページです。

ランディングページとは、集客を目的としたWEBページで、このページの激次第で、集客のコンバージョンは変わります。

安い制作会社に依頼すると、5〜10万円で作ることができます。高くても30万円くらいが相場です。

ところが、ちょっと検索するだけでも、膨大なランディングページの制作会社がヒットします。素人目には、全部が同じように見え、どこに依頼すればいいかわかりません。

すると始まるのが価格競争。競合に負けまいと、単価を下げて顧客を奪い合います。

しかし、この価格競争の流れを逆手に取った制作会社がありました。

その制作会社が打ち出したランディングページの制作費用はなんと、100万円。実に、安い会社の10倍の値段です。

なぜ、そんな高単価化ができたのかというと、やはりセミナーです。

その制作会社が取った戦略は、ランディングページの制作に加え、集客コンサルティングをオプションにつけるというものでした。

依頼者に徹底的にコミットし、目標達成をサポートすることを提案し、100万円の商品へと底上げしたのです。

セミナーに来ていただいたお客様には、ほかの制作会社とは何が違うかを詳しく説明し、お客様に寄り添ったコンサルティングを行うことを丁寧に伝えました。
　その結果、ほかの制作会社が価格競争をしている間に、実にスマートに100万円のランディングページを売ることに成功したのです。

　同じような商品も、何かオプションをつけることで差別化し、自社ならではの特徴をセミナーで伝えることができれば、高単価化することは十分可能なのです。

⑤自費率100％完全自由診療の歯科医

　歯科医院が飽和状態だという話は、皆さんも一度は耳にしたことがあるのではないでしょうか。
　事実、コンビニの数が全国で約55,000件なのに対し、歯科医院の数は約69,000件もあります。
　さらに歯科医院は、席数が固定なので、一度に診察できる人が決まっており、売り上げの上限も決まっています。かつ、ほとんどの患者さんが保険診療で治療するため、患者一人に対する単価もそれほど高くありません。こうした理由から、ワーキングプアの歯科医も少なくないんだそうです。

　そのため、歯科医院はいかに自由診療をするかが、稼ぐポイントでもあります。

そこである歯科医院では、保険診療を一切やめて、自由診療のみの診察をすることにしました。

　しかし、「自由診療しかやりません」と言っただけでは、患者さんはやって来ません。治療費を安く抑えたいと思う人が一般的なので、わざわざ高いお金を払って自由診療を受けることに価値を感じないからです。

　では、この歯科医院がどうしたかというと、セミナーを開催したのです。

　『歯の健康』をテーマにしたそのセミナーでは、自由診療によって治療の幅がどれだけ広がるか、どんな最新技術が受けられるかなどを詳しく説明しました。

　また、歯の健康が、生涯の健康を左右することを伝え、歯の治療にお金をかけることの大切さを、患者さんに繰り返し伝えたのです。

　このセミナーが功を奏し、その歯科医院には、近場の患者さんだけでなく、遠方からわざわざ足を運ぶ患者さんもいらっしゃるようになったそうです。

　今ではこの歯科医院は、歯科医院の年間平均売上4,000万円を遥かに超す売上を上げるようになりました。一般的な歯科医院では、考えられない数字です。

　セミナーによって、自由診療の価値がしっかり伝わった結果です。

⑥セミナー開催で株式投資

　続いてご紹介するのは、セミナーによって、自社のブランド力を高めた例です。

　あるとき、株式投資を扱っている会社から、「セミナーをしたいので、運営方法をコンサルティングしてほしい」という依頼を受けました。

　そこで私が提案したのが、著名な経済学者を呼んで、トークセッションをするという企画でした。
　自社だけのデータや実績だけでは、十分な説得力があるとは言えません。そこで、第三者である専門家を招くことによって、「株式投資がいかにメリットがあるか」を裏付けしてもらうのです。
　セミナーのターゲット層は、年収400万円以上の40～50代の男性。

数字やデータでの説得力を感じる世代でもあります。そういう客層に対しては、著名な経済学者を呼んで投資物件の魅力をアピールすることが、非常に効果的なのです。
　なにより、著名人を招待できるということが、企業の信頼性を高めてくれます。

　さらに、この講演会では、後援に新聞社がついていたこともプラスに働きました。新聞社が後援につくのとつかないのでは、お客様に与える印象もまるで違います。

　ターゲットが安心できる環境を作るため、場所は一流ホテルのホールを貸し切りました。そして、パンフレットなどの資料を充実させることにもこだわりました。商品となる物件情報の資料とともに、この企業の細かい情報を記したパンフレットも同封し、お客様により強く印象を残すようにしたのです。

「あの著名人を呼べる企業なら安心だ」
「新聞社が後援についているなら、しっかりした企業なのだろう」
「この会社についてもっとよく知りたい」
　と、お客様から信頼を勝ち取ることができるのです。この2つだけで、企業のブランド力が一気に高まりました。

　最終的に、この講演会のあと計6,000万円を売り上げました。セミナー開催費が大体1,000万円だったので、大きな黒字です。

自社の信頼度やブランディングをどのように高めるか、その演出方法も、セミナー開催の難しくも面白いところです。

⑦イベント開催でジュエリーメーカー

　定期的にセミナーをしてはいるものの、思うように集客ができないという企業もたくさんあります。そんなときも、やはり、企業のブランド力を高める講演会やイベントが効果的です。
　私のもとに相談にきた、あるジュエリーメーカーも集客が悩みのタネでした。
　顧客と繋がれるイベントを積極的に開催してはいるものの、集客はボロボロ。
　多いときでも20、30人しか集まらず、売り上げも伸び悩んでいたのです。
　そこで私は、このジュエリーメーカーに、イベントの開催場所を変えるようアドバイスしました。企業としてのブランド価値を高めるためにも、一流ホテルで開催することを薦めたのです。
　それまでは数十人規模が入るイベントスペースを使っていた企業だったので、一流ホテルでイベントを開催することは、相当な覚悟が必要でした。イベントにかかる費用も、桁違いです。
　さらに私は、とある雑誌の読者モデルをお呼びして、その会社のジュエリーがいかに優れているかをお話していただくトークセッション企画をご提案しました。
　そうすることで、イベント自体の魅力が増し、お客様が「行っ

てみたいな」と興味を持ってくれるきっかけになります。

　すると、あれよあれよという間に、お客様が集まり、250人の集客に成功。大盛況のイベントとなりました。物販の売り上げも、史上最高額を記録したそうです。

　このジュエリーメーカーが扱う商品は、とても優れたものでした。しかし、会社の魅せ方ができていなかっただけなのです。
　初期投資を投入しても、企業のブランドを高める価値はあるのです。

⑧ブランディングセミナー、M&A会社

　セミナーの一番のメリットは、お客様と直接お会いできるということです。

　あるM&Aを取り扱う会社では、見込み客の企業・5,000社に対し、毎月DMを送っていました。しかし、DMを送っているだけでは、代表に見てもらうことはおろか、商談のチャンスもありません。要するに、お客様と会うことができなかったのです。
　そこで、直接お客様と会うため、セミナーを開催することにしました。
　M&A案件はまとまると何千万をこす高額な契約となることは珍しく有りません。お客様に契約していただくには、企業の

信用度が何より重要になってきます。

　中途半端なセミナーにするわけにはいかないので、ここでもやはり、会場を一流のホテルし、著名な経済学者をゲストに迎え、社長との対談を企画しました。

　また、新規顧客だけでなく、既存顧客もお呼びすることで、お客様へのアフターケアの場としても活かせるようにしたのです。

　最終的に300人のお客様が集まり、2つの契約を取ることができました。売り上げは1億円を超えました。たった一回のセミナーで、これだけの効果が出たのです。

　毎月DMを1万件送ることが、決して無駄とは思いません。
　でも、せっかくならセミナーを開催して、お客様と実際に会う機会をつくってみてはいかがでしょうか。

⑨イベント開催で見込み客開拓
　ITシステム開発会社

　お客様とお会いすることで、予期せぬミラクルがやってくることがあります。
　昔、一緒に交流会を開催していた仲間の話です。
　ITシステムの開発会社を起業したばかりだったその人は、まだ顧客もなく、営業先もほとんどありませんでした。
　そこで、人脈を広げるために、一緒に交流会を主催することになったのです。

ITシステムは、受注金額が何百万円と、高額です。仕事を取ることも簡単ではありません。

　ところが、人脈を広げるために開催した交流会の参加者の中に、ちょうどITシステムの開発を必要としているお客様がいました。

　すると驚くべきことに、高額の受注をその場で取り付けることに成功したのです。

　20人ほどが集まった小規模な交流会で、このケースはかなり奇跡的です。

　それでも、お客様と直接お会いする機会を作ったからこそ、実現した例といえるでしょう。

⑩講演活動、視察ツアー開催、飲食店

　会場を借り、講師を呼ぶだけがセミナーではありません。

　わざわざ場所を用意しなくても、自社に人を招いてもいいのです。

　北関東に飲食店を運営する企業もそうでした。

　その飲食店は、年間800人もの人が、見学に訪れます。

　また、飲食店のオーナーは、いくつもの超大手企業から講演依頼が舞い込み、年間300回もの講演をこなす人気講師でもあります。

　なぜ、人々は、その飲食店を見たい・社長の話を聞いてみたいと思うのでしょうか？

その秘密は、その飲食店ならではの『**人材育成方法**』にありました。
　飲食店が有名になったのは、今から数年前のこと。足が不自由なお客様に、スタッフがサンキューレターをお送りしたことがきっかけでした。
　心のこもった手紙にいたく感動したお客様が、そのエピソードをSNSに投稿すると、またたくまに飲食店の名が全国に広まったのです。
　社長いわく、その飲食店の理念は、"どれだけお客様を感動させることができるか"。
　理念に従い、スタッフたちはお客様をどうやって感動させようかと日々考えて働いていたからこそ、サンキューレターが生まれたのです。
　また、社長は人材育成について、「自社に貢献するスタッフを育成するのではなく、人間性が豊かなスタッフを育てること」をモットーとしています。
　その社長にとっては当たり前のことですが、ほかの人からし

てみれば、「もっと知りたい！」と思うコンテンツでした。これが、講演会のコンテンツとなり、見学者が殺到する理由だったのです。

　飲食店の人気も右肩上がり。現在は6店舗を経営し、年商は5億円を超えたそうです。
　見学者の受け入れと、講演活動をしていなければ、恐らく、この結果は生まれていなかったでしょう。

⑪視察イベント開催でブランディング、社内エンゲージメント向上　食器メーカー

　前項で、見学ツアーを受け入れたことで、飲食店の売り上げが激増したというお話しをしました。
　しかし、見学ツアーのメリットはそれだけではありません。社内のエンゲージメントを向上させる役割もあるのです。
　私は、自分が主催するセミナーでも、よく企業の見学ツアーを企画します。
　企業に研修費として料金をお支払いし、社内を見せてもらうのです。
　見学させてもらっている間は、通常営業ができないので、それをデメリットに感じる企業もあります。
　ところが、見学ツアーをさせてもらった企業の社長さんからは、「来ていただいて良かった！」と、決まって感謝されるのです。

どうやら、外部の人が見学に来ることで、従業員のモチベーションがアップするんだそうです。
　私が見学ツアーを開催した、食器メーカーもそうでした。
　その食器メーカーは、ガラスを使ったモノづくりに定評がある企業です。
　ガラスデザイナーを雇用し、ガラスを使った食器やインテリアなど、様々な商品を販売しています。
　見学ツアーでは、製品製造の工程はもちろんのこと、吹きガラスなどの体験もありました。
　その間、従業員の方々の働く様子も見せていただいたのですが、それが働くモチベーションに繋がったのだと、後々、社長さんから教えていただきました。
　実際にこの会社では、見学ツアーを受け入れるようになってから、離職率が減ったのだそうです。
　さらに見学ツアーに訪れた方の中から、「この会社で働きたい」という人が現れ、就職が決まったこともあるとか。
　今、新人を一人取るのに、60万円の採用費がかかります。その採用費を一切かけることなく、見学ツアーで人材を見つけたのです。
　皆さんも、自社を開放して、見学ツアーをしてみると、素晴らしい成果があるかもしれませんよ。

⑫講座開催で月間稼働２日間　セミナー業

　ここまで、企業がセミナーやイベントを開催したことでの成

功事例を紹介してきましたが、「セミナーそのもの」を商品にしたケースもあります。

私が運営事務局、講師として関わっていた、「稼げるセミナー講師 Top1% 養成講座」がそうです。文字通り、セミナー講師を育成する講座です。

ところが、集まるお客様が皆、セミナー講師を目指しているかというと、そうではありません。

すでにバリバリ稼いでいるセミナー講師もいれば、セミナービジネスで起業を目指しているサラリーマンもいます。社内で研修をする立場のビジネスマンが学びに来ることもありますし、チームマネジメントを学びに来る方もいらっしゃいます。
セミナー講師を育てることを目的として始めた講座なのに、こんなにも様々な目的を持った方々が来てくれることは、運営側の私でさえ、予期していないことでした。

ちなみにこの講座は、6ヶ月間の継続講座で、1年の間に4回新規でスタートしています。開講日は、第4土曜日・日曜日の月2回。主催者は月2日間の稼働しかしていないのですが、それでも売り上げが年間5,000万円あります。
人件費も経費もほぼないので、大部分が利益です。

セミナービジネスって、おいしいなと思いませんか？
その通りなのです。

第3章　ポイントまとめ

1）内面の美を伝えることによって
　　ファンを作り物販へ
2）予防法務を伝えるセミナーで新規顧客開拓
3）無添加、無農薬の小麦のこだわりで市場価格の3倍
4）集客コンサルティングで
　　10倍のLPが売れたデザイン会社
5）歯の健康を周知せることで
　　高額治療の意味を理解
6）会場や講師のブランドイメージで
　　安心感を勝ち得る
7）顧客と繋がれるイベント開催で
　　販売力をあげる
8）実業を見せる機会となる訪問ツアーで
　　社員のやる気もUP
9）仕組み化してしまえば、
　　少ない稼働日数でも売上が上がる業

第4章

これで完璧！
小さな会社の
セミナー営業術〜準備編〜

第4章　チェックシート

＜この章で紹介される内容＞

□集客ができれば売上があがるという前提を疑う

□見ても商品の良さがわからないものほどセミナー開催

□セミナー開催で売れるもの・売れないもの

□セミナー開催をおすすめする業種一覧

□アンケートではない、新しいニーズ調査の仕方

□セミナー営業の仕組みとは？

　　　　　　　（理解が出来たらチェックしてみよう！）

①集客さえできれば
　会社は儲かるという幻想からの解放

（＋月間300名の新規集客をするもまったく利益にならなかった修羅場）

　第3章では、セミナーやイベントを開催したことによる成功例を多数紹介しました。ご自身のお仕事と重ね合わせて、いいアイデアが思い浮かんだという人もいるのではないでしょうか？
　では、ここからはいよいよ、セミナー実践に向けてのノウハウをレクチャーしていこうと思うのですが、その前に。ビギナーの皆さんがやりがちなミスを、共有しておこうと思います。
　セミナーを始める方、ほぼ全員が通る道、それが『集客病』です。

「セミナーは、集客が大変」
「とりあえず、集客さえ成功すればなんとかなるだろう」

　…そんな風に思ってはいませんか？
　たしかに集客は大事です！　お客様が来てくれないことには、セミナーの成功はありえません。しかし、集客ができれば、収益につながるかと言うと、そうではないのです。

　私もセミナー主催者を始めたばかりの頃、この集客病にか

かっていました。「集客＝収益」という、誤った認識を持っていたのです。

　当時は、2日に1回セミナーや交流会を開催するという、超ハードスケジュールをこなしていました。イベントを開催しては、人を集める。その繰り返しです。

　今考えると、かなり無茶なことをしていたのですが、集客は順調そのものでした。一月で新規のお客様を300人呼ぶことができたのです。

　ところが、それだけ人を集めたにも関わらず、まったく収益になりませんでした。寝る間を惜しんで準備をしたイベントなのに、収益はゼロ。…よく心が折れなかったものだと、自分のことながら驚きます。

　集客は成功しているのに、どうして収益に繋がらなかったのかを、必死で考えました。でも、答えはシンプルそのものだったのです。要するに、収益商品をきちんと設計していないことが原因だったのです。

　どれだけ人が集まろうと、売るものがなければ、セミナーをしてもビジネスにはなりません。当たり前ですよね。

　たとえば、こだわりの無農薬野菜を売るとしたら、まずやるべきは、野菜の値段を決めることです。

　「野菜の値段はあとから決めるとして、とりあえず先にお客さんを呼ぼう！」とはならないはずです。

そもそも、値段が未確定では売り上げの予測が立たないので、セミナーにかける予算が決められません。
セミナーを開催するためには、収益商品をしっかり考えること。集客を考えるのは、その後の話なのです。

実際に、収益商品がしっかりできていないために、せっかくのセミナーが徒労に終わるケースを、今まで何度も見てきました。集客がうまくいっているのに、もったいない話です。

これからセミナーを開催するあなたには、ぜひこの集客病に陥らないように注意してほしいと思っています。集客は、収益商品をしっかり構築できたあとの話です。

収益商品は、セミナービジネスの本質でもあります。というのも、収益商品が良ければ、集客はかなり楽になります。

集客は非常にシンプルで、面白いイベントや、行って得するイベントなら、お客さんは勝手に集まるからです。

牛肉の希少部位を格安で食べられる交流会、超有名作家が登壇する講演会

…行ってみたいと思いませんか？　一度、自分がお客様の目線になって、行きたいか・行きたくないかを考えてみてください。

②大量規格商品以外なら
　セミナーで売れないものはない

　私はよく、コンサル生に「セミナーで売れないものはない」と言っています。
　第3章の実例集でもお伝えしたように、無農薬野菜、健康器具といった、物販もあれば、社内ツアーや講演会など、無形の商品を売ることもできます。
　工夫次第で、どんなものでも収益商品になりうるのが、セミナーのメリットです。

　ただし、唯一例外があります。
　それが、『大量生産されている製品』です。
　たとえば、スーパーやコンビニで見かけるような洗剤は、セミナーで売ろうと思っても売れません。食べ物、電化製品、化粧品も同様です。大量生産されている商品はセミナーと相性が良くないのです。
　なぜなら、近くのスーパーに行けば手に入る商品を、わざわざセミナーに行って買おうとは思わないからです。セミナーで売れない商品の特徴がこちらです。

＜セミナーで売れない商品の特徴＞
誰もが知っている商品
どこでも買える
どんな商品かすでに知っている

セミナーで売れる商品にも特徴があります。言ってしまえば、売れない商品の逆の特徴を持つ商品が、セミナーと相性がいい商品なのです。

＜セミナーで売れる商品の特徴＞
目で見ただけでは効果、効能がわからないもの
形がない商品
高額商品

【セミナーで相性がいいもの】

投資用マンション

HP・チラシデザイン

人材紹介

コンサルティング

新しいITサービス

こだわった食べ物

税理士など士業

M&A仲介

教育事業

　セミナーと相性が良いサービスや商品の具体例が次のページから記してあります。

●投資用マンション、不動産などの販売や、保険や暗号通貨などの金融商品

　高額な商品を取り扱う企業は、自社ブランドを高める講演会を行うのがおすすめです。定期的に開催することで、堅実な企業であることを印象付けられます。
　また、手に取れない商品を取り扱う場合は、セミナーでお客様との関係性を深めることも重要です。

　生命保険は結婚や出産など、ライフイベントで見直しが必要な商品は定期イベントで顧客フォローをすると、「見直しをお願いしたい」「最近結婚した友人がいる」と新しい契約につながることがあります。

●コンサルティング

　コンサルティング会社はセミナー必須の業種と言えるでしょう。コンサルティングは目に見えない商品であり、お客様に提供するサービスを理解してもらうことが必要です。
　また、うまくセミナーを絡めてサービスを作っていくと、売上の上限があるコンサルタントの時間単価の向上が可能となり、教育や価値観の統一が可能となります。
　クライアントのためには、セミナーで基礎的な知識を学ぶ機会と、コンサルティングで個別対応することが、最短で成果が出る形と言えます。

講演会で文化人と対談する機会を作り、ブランディングを高めることも有益です。

●税理士・弁護士などの士業

士業もセミナー必須の業種と言えます。今や資格を持っているだけでは、食えない時代になりました。

提供するサービスに変化をつけにくく価格競争に巻き込まれがちな士業ですが、資金調達に強い税理士、予防法務に強い弁護士など、専門性を打ち出すことで差別化が可能となります。

新規顧客開拓のためにセミナー開催をしたり、コンサルタントと同じように講演会で文化人と対談する機会でブランディングを高めることが有益です。

●オンライン営業システムや、社内 SNS ツールなど最先端技術を利用した BtoB 向け IT サービスを提供している会社

今までにない新しいサービスを展開する場合、なかなか HP やパンフレットでは導入効果が伝わりにくいです。営業は一対一の面談となるため、効率がよくありません。

そんなときこそ、一体多の営業が可能となるセミナーの出番です。

セミナーでしっかりと商品特性を説明し、導入することでどんなメリットがあるか、お客様に納得して購入していただくことが可能です。

● HPやチラシデザイン会社

競合が多く、価格競争になりがちなこの業種。士業と同じように「集客に強いLP」「成約するチラシ」「問い合わせが増えるHP」などというような特色を打ち出し、他社と差別化を図りましょう。そしてセミナーで、自社ならではの、特色や強みを伝えましょう。

お客様が求めていることにマッチすれば、第3章で紹介したHPデザイン会社のように、平均単価の10倍という高単価で販売することも可能となります。

● M&A仲介会社

近年、会社を売り買いするM&Aが、日本でもみられるようになりました。一から会社を作って新しい事業をするよりも、すでにある優良な会社を買うほうが、効率がいいということで活発になってきている市場ですが、M&Aをサポートする専門の仲介会社もセミナーをやることをおすすめします。

というのも、まだまだ会社を売買するメリットを知らない人も多いからです。企業のオーナーに対しては出口戦略としてM&Aがあることを、これから新しい事業を模索している企業や、起業を考えている人に対して、M&Aで効率化を図ることを伝えるセミナーを開催し、M&Aの仲介をする契約に結びつけます。

●人材紹介会社

とある人材紹介のサービスがあります。人材難にあえぐタクシー業界に特化した人材紹介会社です。タクシー運転手は会社から会社へ渡り歩く人も多いのですが、このサービスの面白いのが、タクシー運転手になりそうな人、という新たなマーケットを開拓しているところです。

人材紹介会社は人材の確保がキモです。従来のマーケットで調達するのではなく、セミナーでタクシー運転手になるメリットを伝え、まったく違うところから人材を確保しています。

●代理店やFC募集など

代理店やFC募集にもセミナーは必須と言えるでしょう。

まず、代理店やFCになるための説明会では、すでに商品があることや本部のサポートを受けられることなど、代理店やFCのメリットを伝えます。

その後は、商品やサービスを提供するための、教育の場としてもセミナー開催が必要です。

●生産方法こだわりのお肉・お魚、無農薬の野菜や無添加パンなどの食品

食の安全性が注目されるようになった現代。食卓に並ぶ料理の安全性に興味を持つ主婦は少なくありません。

『こだわり』の商品は、もれなくセミナー向きです。どんな努力をしてつくったお肉なのかを、セミナーを通してお客様に訴えかけます。試食会や即売会など、コンテンツも工夫できます。

　無農薬の野菜は、手間も時間も通常の倍以上かかります。どんな行程を経て美味しくて安全な野菜が作られているのかは、食に興味のあるお客様が詳しく知りたいことです。
　無農薬の小麦粉で作るパンは、通常のパンに比べて原価率が高いです。適正な価格で売るためにも、無農薬の小麦粉とそうでない小麦粉の違いを、セミナーでしっかりアピールすることです。

●原料にこだわった高級化粧品や、健康食品や健康器具

　こだわりの原料がどんなものなのか、お客様に知っていただくには、セミナーで直接説明するのが効率的・効果的です。
　また、著名なモデルや女優などを起用することで企業ブランドを高めることも可能です。

食だけでなく、こだわった健康器具も高額で効果がひと目見ただけではわかりにくい商品です。実際に商品を手に取れるようなセミナーやイベントが効果的です。

●**オーダースーツ、オーダージュエリー**

オーダー制のスーツやジュエリーは、いわば、お客様だけの特注品。既成品にはない、オーダーならではの良さを、セミナーでしっかり伝えるべきです。

●**シックハウス、アトピー対策されたリフォーム施工会社**

アトピー対策された住まいは、使う木材や、空気の循環性など、手が込んだ作りになっています。一般の住居と違う点をセミナーでアピールできます。

●**フォトサービス、動画制作**

写真や動画は、作品を見てもらないことには始まりません。体験イベントなどを企画して、サービスの楽しさが伝わる場を作るといいでしょう。

●**エステ、リラクゼーション**

エステやリラクゼーションなどの美容系サービスは、体験イ

ベントを必ず企画しましょう。施術を受けることで、継続コースの契約に結びつきやすいです。

●ヘアケア
エステと同様、ヘアケアも、一度施術しないことには商品の良さは伝わりません。体験イベントを実施して、商品の良さを実感してもらいましょう。

●ダイエット
効果が出るまで一定の期間が必要なダイエットは、セミナーで取り組むメニューを紹介するのはもちろんのこと、動画との相性も抜群です。ぜひこの2つをかけ合わせた企画を考えてみてください。

●語学
ダイエットと同様、動画との相性が良いのが英語関連のサービスです。文章よりも、音声のほうが伝わります。体験レッスンなどを企画してもいいでしょう。

お客様に商品の価値をいかに伝えられるかが、セミナー主催者の腕の見せ所です。
私は『お客様に伝える』ことに関して、素晴らしいセンスを発揮している旅館に巡り合ったことがあります。
旅行サイトの中でも、常に上位にランクインしているその人気旅館は、平日でも予約が取りにくいと評判でした。

実際にその旅館に足を運んでみると、人気の理由はすぐにわかりました。

お部屋、大浴場、廊下など、いたるところにスタッフお手製のポップが貼られているのです。

たとえば、大浴場のポップには、こんなことが書かれていました。

「本でも読みながら、ゆっくりお風呂を楽しんでくださいね」

ポップのすぐそばには、プラスチックでできた濡れても平気な本が置かれています。こうした心配りが、館内のいたるところにあるのです。

どの旅館にも独自のこだわりはありますが、それをいちいちお客様に説明して回るのは難しいことです。でもその旅館では、ポップを通じて、お客様とコミュニケーションを取れるようにしたのです。

アナログなやり方ですが、旅館の良さをお客様に伝える工夫として、非常に良い手段だと感心しました。

セミナーもこれとまったく同じです。

大事なのは、こだわりや価値を、"どうやって"お客様に伝えるか。ただ、それだけなのです。

③粗利80%の商品を生み出す
　セミナー営業の仕組み

　繰り返しますが、セミナーでは収益商品が命です。収益商品なしには、はじまらないといっても過言ではありません。
　利益を生む収益商品は、2つのパターンに分けることができます。

　ひとつは、収益率が高い商品をイチから作ることです。
　会社ツアーや講演会がこれに当てはまります。新しいコンテンツをつくり、それをセミナーで販売する方法です。
　そしてもうひとつが、既存の商品を高単価化することです。
　すでにある商品の素晴らしさを、セミナーでプレゼンすることで、価値を高めます。

　この2パターンを、うまく組み合わせた例をご紹介しましょう。
　ある農家では、手間ひまかけて育てた自然栽培の野菜を販売していました。
　ところが、日本の農業の仕組みは、良くも悪くも、平等です。一般的な流通市場に出せば、どんな野菜でも買取価格を同じにされてしまうのです。
　農薬を大量に使っている野菜とそうでない野菜が、同じ価格で販売される…残念な話ですよね。普通の野菜と同じ値段で買い叩かれるのなら、無農薬野菜を作る意味はありません。日本

で無農薬野菜が広まらないのには、このような理由もあるようです。

酪農家も同じで、大切に育てた乳牛の牛乳も、そうでない乳牛の牛乳も一緒くたになって売られてしまします。

そこで彼らは、そこで取り組みを啓蒙する活動や教育事業を始めます。

食育のセミナーや、農業体験、合宿などのイベントを企画するようになります。

結果、ビジネスは大成功。

体験という新しいコンテンツを構築し、そこでファンを作っていき、高単価化を成功させる。見事な営業術です。

例えば収穫などの体験は、見方を変えれば「お金を受け取って、お手伝いをしてもらっている」とも言えます。

それでも、価値を見出してくれるお客様がいるから、ビジネスとして成り立っているのです。

断食道場も、よく似た構造です。

ご飯ナシで、1週間ウン十万円するプログラムもあります。高級ホテルに泊まれる値段です。

それでもプログラムに参加する人がいるのは、然るべき施設で強制的に断食をすることに価値を見出しているからです。

モノの価値は、売り出し方ひとつで、ガラリと変えることができるのです。

第4章　ポイントまとめ

1）収益商品がなければいくら集客しても儲からない
2）大量生産のものはセミナー不向き
3）セミナー向きの業種一覧
4）金融商品・不動産など
5）コンサルティング
6）士業
7）今までにない先端技術を利用したサービス
8）価格競争に巻き込まれやすい、デザイン会社
9）M&A 仲介業
10）人材紹介会社
11）代理店、FC 事業
12）オーダーメイドの商品
13）美容関係などの無形サービス
14）ニーズ調査までもイベント開催

第5章

これで完璧！小さな会社のセミナー営業術 ~実務編~

第5章　チェックシート

＜この章で紹介される内容＞

☐顧客の「ほしいもの」をイベントで聞く

☐会場の選び方ポイント

☐チラシ作りで大切なこと

☐集客の可否を決めるセールスレター

☐ランディングページの作り方のポイント

☐動画活用の術

　　　　　　　　（理解が出来たらチェックしてみよう！）

① 「ほしいもの」は直接顧客に聞け！
　アンケート調査の落とし穴

　ここまでのお話で、あなたが売るべき収益商品が、ぼんやり見えてきたような気がしませんか？

　まだ見えてこないという人も、ご心配なく。収益商品の構築に行き詰まったときは、お客様からヒントをもらえばいいのです。

　私も、プロジェクトや企画のアイデアに行き詰まるときがしばしばあります。そんなときに考えるのは、いつもセミナーに参加してくださる常連のお客様のことです。

　「〇〇さんは、この企画を面白いと思ってくれるだろうか」
　「▲▲さんは、この商品を購入するかな？」

　具体的な対象者を思い浮かべると、不思議と、その企画が面白いか・面白くないかがはっきりと見えてきます。

　対象者を具体的に思い浮かべることは、企画に行き詰まったときに限った話しではありません。自分はすごく面白いと思うアイデアでも、意外と周りからの反応はいまいちということもあります。客観的に判断するためにも、常に「〇〇さんだったら面白いと思うか」という視点は必要です。要するに、自己満

足の商品は絶対に売れないのです。

　対象者を思い浮かべても、どうしても「これだ！」というアイデアが出てこないこともあります。ビジネスをしていると、自分が持っているアイデアの引き出しが思いの外少ないことに気がつくものです。

　そんなときどうするか。人からアイデアをもらえばいいのです。
　セミナービジネスは、外注をフル活用するビジネスモデルだということを前章でもお伝えしましたが、企画も同じことです。人の力をおおいに利用しましょう。

【Facebookで質問】

今、新しいセミナーを企画しています。
興味があるのは、どのタイトルですか？

1、半日でマスター！
　耳から好印象を与えるモテ声セミナー

2、営業成績が上がる、プレゼンがうまくいく
　ビジネスパーソンのための成果が出るボイトレセミナー

3、たった4時間でイケボになる
　声、話し方コンプレックス解消セミナー

1＝4いいね、2＝5いいね、3＝1いいね

私の場合、自社のメディアを通じて直接、お客様に聞きます。
　たとえばFacebookで、「今度○○をテーマにしたイベントをしようと思っているのですが、①〜③の中だったらどれがいいですか？」というふうにアンケートを取ります。選択肢があると答えやすくなり、結構な数の方々がアンケートに答えてくれるのです。

　お客様からいただくご意見ほど、参考になるものはありません。それをベースに、アイデアをブラッシュアップしていき、企画を完成させていきます。
　Facebookでなくとも、ブログでもメルマガでも、ツールはなんでも構いません。

　そして、アンケートを集める際は、「なにかやりたい企画はありますか？」というような、自由回答はできるだけ避けてください。お客様の負担が大きくなってしまうので、回答率が低くなる可能性があります。
　選択肢形式だと、気軽に回答しやすくなるというほかに、もう一つメリットがあります。それは、『最終結果まで気になる』という心理効果です。

　人の心理とは本当に面白いもので、自分の選んだ選択肢が採用されたのかどうか、つい気になって結果発表まで追って見てしまうのです。
　なので、アンケートにご協力いただいた方は、もれなく見込

み客と思って、集客するタイミングになったらまっさきにお声がけしましょう。

　企画案のみならず、今欲しいと思っているもの、やりたいこと、興味のあることなど、聞きたいことがあれば、随時アンケートで声を集めてみるのがおすすめです。

　一方で、頼りにしすぎないでほしいのが、アンケート業者を利用した、有料のアンケートです。
　業者を使えば、年齢、性別、職業、収入など、特定の条件を持つターゲットに一斉に質問を送り、短期間で多くの回答を集めることができます。忙しいセミナー主催者にはありがたいサービスです。

　ただ、アンケート業者を介して得た回答は、実際の自分のお客様の考えとは乖離していることが少なくありません。あくまで、ヒントとして捉えるにとどめておいてください。
　実際のお客様の声に勝るものはありません。わざわざ費用を捻出してアンケート会社に依頼するよりも、時間と労力はかかりますが、今いる自分のお客様に直接聞いたほうがはるかに合理的です。

　私だったら、アンケートを集めること自体をイベントにしてしまいます。
　交流会や食事会など、参加しやすいイベントを企画し、集まっていただいたお客様にその場で質問するのです。

顔の見えないアンケートを見るよりも、直接会って話を聞いたほうがずっと、身になる意見が聞けると思いませんか？

②会場手配で外部スタッフを活用するのも手

　徹底的なヒアリングを経て、お客様が求める収益商品が決まったら、次は、どこで開催するかを考えていきましょう。
　時間とお金をかけて足を運んでくださったお客様に楽しんでもらうために、居心地の良い空間作りはマストです。つまり、会場選びがセミナーの成功を左右すると言っても過言ではありません。

　想像してみてください。
　楽しみにしていたセミナー。ところが、いざ足を運んでみるとそこは、雑居ビルに入っている古くて薄暗い会議室。狭い室内に大勢の参加者。メモを取りたいのに、隣の人との距離が近くて落ち着かない。おまけにトイレは別の階で、しかも一個だけ…。

　せっかくお金を払って参加したセミナーが、こんな様子だったらどうでしょうか？　「もう二度と来ない！」と思って当然ですよね。

　だからこそ、**会場選びが重要なのです。**

とはいえ、どんな空間が居心地いいかは、ターゲットによって異なります。
ビジネスマンならオフィス街のセミナールームが行きやすいですし、経営者ならホテルのパーティー会場がイメージに合っています。子持ちのママなら駅から近いレンタルギャラリーだと安心です。
このように、"どこでセミナーをすべきか"は、客層によって変わってきます。

とはいえ、自分一人の力でイメージ通りの会場を探し出すのは現実的ではありません。なぜなら、都内だけでもセミナーに利用できる会場はゴマンとあるからです。というわけで、会場探しはプロにお任せしましょう。ここでも外注をフル活用です。

会場手配専門の業者にお願いすれば、エリア、人数、予算、会場の雰囲気など、希望する条件に沿った会場を、見つけ出して提案してくれます。気に入った会場が見つかれば、業者が代理で予約してくれるうえに、当日必要な備品の手配、会場レイアウト、場合によっては値段交渉までしてくれることもあります。会場手配は基本的に無料なので、主催者にかかる負担はほとんどありません。これを利用しない手はないです。

会場を探せるポータルサイトは、たくさんあります。
『スペイシー』や『スペースマーケット』という名前を聞いたことがあるという方も多いのではないでしょうか。予算や場

所などの希望条件を入れ、そのまま問い合わせや予約ができるサイトです。

また、このほかにも、まるごとお任せできる会場手配の会社も存在します。
私がおすすめするのは、こちらの2社です。

◯会議室コンシェルジュ
https://www.natuluck.com/

───────────────

全国に会議室を持つ、会議室コンシェルジュ。ニーズに合った会議室をご提案。「リーズナブルな会議室」「キッチンつきのレンタルスペース」「100名を超える会議室」「一ヶ月間借りられる会議室」を手配してもらうことが可能です。

◯イベモン
https://evemon.jp/

───────────────

会場紹介だけではなく、景品の提案・手配や、司会、撮影スタッフ、受付スタッフの手配なども。トータルで依頼できる会社です。

上記はどれもおすすめなので、ご自身にあったポータルサイトを選ばれるといいと思います。

納得のいく会場が見つかり、予約をしたら準備完了…ではありません！
　予約をした会場は、下見が必須です。
　下見では、会場の雰囲気を確認すると同時に、当日、いらっしゃるお客様が歩く道のりも確認します。駅からどのくらい歩くのか、道のりにはどんな目印があるのかも、下見の際にチェックしてください。

　なぜ、下見が大事かというと、HPに掲載されている写真と、実際の会場のイメージが異なることがよくあるからです。自分の目で見て確認しないと、「思っていた会場じゃなかった！」という失敗の原因になります。

【会場スタッフを活用するのも手】

数ある会場の中から
最適な会場を提案！

私はクライアントから依頼を受けて、セミナー会場の下見に行くことがしばしばあるのですが、過去にはこんなことがありました。

　あるとき、女性に向けたアロマ体験イベントの会場を下見してほしいという依頼があり、指定された場所に行くと、そこは新宿二丁目のゲイタウンのすぐ隣ということがありました。現地に行くまでにネオン街を通り抜けなければいけません。セミナーのイメージに合っていないと判断し、別の会場へと変更したということがあります。

　どんな場所なら、"あなたのお客様"が、安心してセミナーを受講できるでしょうか。完全に理想通りという会場はなかなか見つからないかもしれませんが、周辺環境や、清潔さなど絶対に妥協できないポイントをいくつか挙げて探してみるといいと思います。

③効果を10倍にするチラシ、フライヤー作成のポイント

　セミナーの日程を決め、最適な会場を抑えたら、いよいよ本格的な集客のスタートです。

　SNSやメルマガ、ポータルサイトなど、集客に使えるツールや媒体は、たくさんあります。ただ、どの媒体を使って集客

するにしても、外せないのが、チラシです。
　チラシは直接手渡しするためだけに作るわけではなく、SNSやポータルサイトなど、オンライン上の集客でも画像として活用できます。
　文章で説明するよりも視覚に訴えたほうが、見る人の印象に残るからです。
　ご自身でチラシを作成できるという場合を除き、基本的には、デザイナーに発注して作ってもらいます。

　発注時に用意するのは、チラシのラフ（＝下書き）です。写真の配置やテキスト、タイトルの入れ方、色味など、ベースとなるデザインをデザイナーに渡します。その際、イメージに近い見本のチラシがあると、なおいいでしょう。

　チラシで最も重要なのは、目にした人が「最後まで読みたい」と思わせる内容になっていることです。チラシを目にした瞬間に、人は興味があるかないかを判断します。
　では、最後まで読ませるチラシにはどんな特徴があるかというと、まず、タイトルと見出しにインパクトがあること。そして、写真が使われていることです。

　私がチラシを作る際は、特に写真を重視するようにしています。
　ポイントは、【オリジナルの写真を大きく使うこと】です。
　過去にセミナーを開催したという人は、そのときの写真を使

うと効果的です。見た人が「自分も参加してみたい」と思ってもらうために、笑顔で賑やかで、かつ、明るい写真を選びましょう。

　はじめてセミナーを開催するという方は、ご自身の宣材写真を用意してください。

　いずれの場合も、プロのカメラマンに撮影してもらった写真を使うのがマストです。

　オリジナルの写真にこだわるのには、理由があります。

　借りてきた写真やフリー素材を使うと、どうしても「どこかで見たことがある」という印象のチラシになってしまうためです。オリジナルの写真を使い、自社ならではのチラシを作ってください。

　セミナーを告知するチラシを見ていると、ときおり「これでは集客は難しいだろうな…」と思うものに出くわします。

　それこそ、フリー素材の写真やイラストを使っているものもあれば、文章が長すぎるもの、なかには、日時と場所が書いていないもの・わかりにくいものもあったりします。

　チラシ一枚の中で伝えられる情報量には限りがあります。

　そのなかでも、絶対に欠かせないのが、開催日、会場、住所、お問い合わせの連絡先です。これらはわかりやすい位置に記載するようにしてください。

　また、セミナーの内容を伝える文章は、**「短く簡潔に」**が基

本です。箇条書きを使うなど、うまく工夫してください。

　私が過去に手掛けたセミナーのチラシを掲載します。参考にしてみてください。

④相手の心をつかむ
　セールスレター（WEB レター）のツボ

　集客をする際は、お客様に「これ、なんのセミナー？」という疑問は取り払わなければなりません。そこで活躍するのが、セールスレターです。

　セールスレターを読んでもらえば、そのセミナーの目的、お客様自身が何を得られるか、具体的な日時や費用すべてがわかるようになります。

しかし、セールスレターの難しいところは、お客様にどうやって最後まで読んでもらうかという点です。
　会社や家にDMが届いても、すべてに目を通す人はめったにいないと思います。手にした瞬間、興味がなければ、すぐにゴミ箱行きです。

　しかし、最初に手にしたとき「自分に関係がある」「自分を成長させてくれる」「ちょうど興味があった」など、お客様が興味をひく"何か"を見せることができれば、最後まで読んでもらえる可能性は高くなります。
　読んでもらえるセールスレターが、最も大事にしているのは何かというと、「見出し」です。
　見出しを見てピンとこなければ、その先も読みません。掴みが大事なのです。
　導入が心に響いたら次は本文、本文を読んで気になったら、詳細を確認してみる、という風に、文章にも道筋があります。
　そして、その文章の道筋は、5つのポイントに分けて説明することができます。言ってしまえば、この5つのポイントさえ掴めていれば、読んでもらえるセールスレターになるのです。

●見出しで掴む

　読み手はこの見出しを読んで、その先を読み続けるかどうかを決めます。つまり見出しで刺さらなければ、そのあとを読んでもらえません。どんな見出しなら読まれるでしょうか？　い

ろんなセールスレターの見出しを読み比べて分析してみてください。

●書き出しで共感を生む

　書き出しとは導入の文章。よく使う手法が共感されるような事例を並べるやり方です。
「セミナーの企画をしたけれど、なかなか集客できない」
「セールスレターを書きたいけれど、何から始めればいいかわからない」

【セールスレターのツボ】

① 見出し

② 書き出し

③ 問題提示

④ 放置したら？

⑤ 解決策

「内容には絶対の自信があるのに、お客様にそれが伝わらない」

こんな書き出しを見たことがありませんか？　思わず、「わかる、わかる！」と頷いてしまうような言葉を並べます。これが共感させる導入です。

自分が持っている悩みを提示されると、その先も読んでみたくなるのが人間の心理です。

●問題を提示する

導入部分で提示した問題を放置するとどうなるのか？　をここで明らかにします。問題をそのままにしたら待ち受けているのは改善しない未来です。

●放置したらどうなるか？　をしめす

問題を放置した先に待ち受ける、望まない未来を提示して、読み手に「このままではまずい！」という気持ちを持ってもらいます。

●解決策としてセミナーを案内する

問題をもう見ないふりはできないと読み手に意識させたら、いよいよ解決策を提案します。そうです、ここではじめてセミナーの案内ができます。

集客できるセールスレターは、その文章を読んだ人に「面白そう」「行ったらいいことがありそう」と思わせなければなりません。
　矛盾点や、おかしい部分があると信用度は一気に下がるため、一言一句に魂を込めて書きます。
　セールスレターは一度で終わる作業ではありません。一度書いたら、誰かに読んでもらい、納得できるまで書き直す癖をつけましょう。

⑤ランディングページが成否のカギを握る

　あなたのセールスレターや、ブログ、SNSを見たお客様が、セミナーやサービスに興味を持ち、「もっと知りたい」と思ったとします。
　ここで登場するのが、ランディングページです。

　ランディングページとは、長いWEBページのことを指します。
　セミナーの集客はもちろんのこと、メルマガの登録や資料請求のご案内など、あらゆる目的としてランディングページは使われますが、総じて言えるのは『集客』のツールだということです。

　ランディングページが上手に機能しないと、集客はおろか、誰にも見向きされないページになることもしばしばあります。

効果のないランディングページの特徴は、いくつかあります。
ひとつは、そのランディングページの目的が明確でないこと。
セミナーに申し込みをしてほしいのか、それともメルマガに登録してほしいのか、何が目的かわからないと、見た人を混乱させるだけです。

そして、意外と見かけるのが、申し込みボタンが一つしかないページです。
タイトルから終わりまでランディングページを読んでくれるような人はめったにいません。見出しで「いいな」と思ってくれた人でも、途中まで読んで一向に申し込みボタンが見当たらない場合はそこで離脱してしまいます。

申し込みボタンは、冒頭、中盤、終わりと、複数に用意しておくのがマストです。あるいは、スクロールに連動してついてくるボタンをつくるケースのサイトもあります。
申し込みページは、別リンクに飛ばさず、埋込み型にするのもポイントです。
ページが変わるというのは、思っている以上にストレスになるからです。

また、登録時に入力する内容の多さも注意です。

たとえば、名前とメールアドレスのほかに、勤め先の会社名や、住所、電話番号に年収、抱えているお悩みなど、入力項目

が多ければ多いほど、お客様にとっては手間です。特に初見のお客様にこれをやってしまうと、離脱に繋がります。

　リスト取りのときは、最低限名前とメールアドレスの入力欄があればいいでしょう。

　そして、一番大事なのが、ランディングページの中に情報を盛り込みすぎないことです。ランディングページを作る際は、必ず、目的を一つに絞ること。リスト取りなのか、集客用なのか、最初にわかるようにしてください。

　さらに、ヘッダーも重要です。ヘッダーで、お客様の興味付けをします。

　ページを見た瞬間、「面白そう」と思わせるようなヘッダーがあり、そのすぐ隣にお申し込みボタンがあることが、理想的な導線の作り方です。

　最近の傾向でいうと、文章よりは視覚的に訴えかけるランディングページのほうが主流です。

　見た瞬間、伝えたいことをイメージしやすいのが世の中的には流行ってます。

　リスト取りや交流会など、お金がかからない、あるいはあっても金額が安いものに関しては、短い文章でも大丈夫です。

　逆に、セミナーや継続講座など、高額なものを売る場合は、長い文章であることが必須です。購入するお客様にとっては、検討するための重要なポイントになります。

ランディングページには、常にトレンドはありますが、

①お客様に何をしてほしいのか明確にする
②申し込みボタン
③関係性が薄いときは登録項目を少なく
④ページを別リンクで飛ばさない
⑤目的を一つに絞る

この5点については基本的に変わることはありません。
なんだ簡単じゃないかと思われるかもしれませんが、実際に作ってみると意外と縛りが多いことに気づくはずです。すべての要素を満たすランディングページをぜひ作ってください。

作ったランディングページは、いろいろなところに貼りましょう。
せっかく作ったランディングページも、人に見てもらわなければ意味がありません！
YouTube にチャンネルを持っていたら、コメント欄に貼る、SNS に投稿したら必ずランディングページも一緒にアップするなどしてください。

お客様も一度見て、申し込む人ばかりとは限りません。
何度もランディングページを読み直してようやく申し込みボタンをクリックすることもたくさんあります。
その機会をどれだけ作れるかも、主催者の腕の見せ所です。

⑥いまの時代、動画活用は不可欠

　近年、集客のツールとして欠かせないのが、動画です。
　文字だけでは伝わりきらない情報を、動画を使って伝えます。
　実際に、講師が話している様子を動画で見せることで、参加者の期待値を上げることが可能です。セミナーの魅力も言葉で伝えることで、説得力を増します。

　また、動画は集客ツールとしてだけでなく、お客様へのプレゼントや、メルマガの特典など、幅広い用途で活用できます。

　たとえば、私が主催するセミナーでは、都合がつかずセミナーに参加できないというお客様に、動画を用いての在宅受講をご提案しています。
　セミナーの様子を動画で撮影し、後日、在宅にて受講できるようにしているのです。
　もちろん、当日参加したお客様にも、復習用として動画を配ったり、ときには販売することもあります。
　メルマガの読者を増やしたいときにも動画は有効です。「読者登録してくれた方に、特別に動画をプレゼントしています」という風に特典にすることができるのです。

　動画を撮影するのに、専門的な機材を揃える必要はありません。
　現に私は、中古で購入した小型のデジタルビデオカメラを使

用しています。

　気をつけるべきは、音をしっかり拾えるカメラであるかどうかです。人は、画質の悪い動画よりも、音が悪い動画により強いストレスを覚えると言われています。マイクを別で用意し事前にテストしておくといいでしょう。

　動画をマスターすれば、集客の大きな戦力になってくれるはずです。
　ちなみに、私が普段使っているソフトやアプリはこちらです。参考にしてみてください。

ソフト
iMovie
FINAL CUT PRO

マイク
SONY　ワイヤレスマイクロホンパッケージ UWP -D11

カメラ
Canon デジタルビデオカメラ iVIS HF G20

第5章　ポイントまとめ

1) アンケート業者ではなく、
   自社メディアを使ってリアルな声を集める
2) 会場手配も外注化
3) 会場、運営スタッフの業者紹介
4) チラシは自社の写真でオリジナリティを
5) セールスレターは
   ①見出しでつかむ
   ②書き出しで共感
   ③問題提起
   ④放置したことで起きる問題
6) ランディングページは
   ①お客様に何をしてほしいのか明確にする
   ②申し込みボタン
   ③関係性が薄いときは登録項目を少なく
   ④ページを別リンクで飛ばさない
   ⑤目的を一つに絞る
7) 動画は集客だけではなく、申込みの離脱防止、
   プレゼントなどに活用できる

第6章

セミナー当日、商品がバンバン売れる仕掛け

第6章　チェックシート

＜この章で紹介される内容＞

☐SNSやブログなので情報発信が重要

☐なにでHPを構築したらいいか？

☐情報発信後の拡散は？

☐YouTubeでの情報発信

☐こちらから仕掛ける情報発信とは？

☐メルマガ読者の増やし方

☐広告の活用を考える

　　　　　　　　（理解が出来たらチェックしてみよう！）

①小さな会社ほど情報発信が必要

　SNSは、身近なコミュニケーションツールとして大きく発展してきたと同時に、従来のビジネスモデルをガラリと変えました。
　SNSをうまく取り入れた企業が、成功を手にする時代です。小さい会社ほど、SNSを活用すべきだと私は思っています。

　小さい会社は、大企業に比べ、広告費にかける予算も知名度も、圧倒的に劣っています。しかし、SNSを利用すれば、予算がなくても、いくらでも宣伝できます。
　事実、SNSがきっかけで、大ヒットした商品はたくさんあります。たとえば『ねこじゃすり』もその一つ。

　株式会社ワタオカという老舗のやすりメーカーが、試作品をつくる中でたまたま誕生したのが、『ねこじゃすり』でした。
　もともとは野菜をすりおろす用途で作られたやすりでしたが、試しに猫を撫でてみると、喉をゴロゴロ鳴らしてリラックス。やすりの凸凹が、猫がちょうど気持ちいいと感じる肌触りだったのです。

　猫用やすりとして発売すると、たちまち全国の愛猫家たちが、ねこじゃすりを使っている様子をSNSにアップ。これによって注文が殺到し、一時は品切れを起こすほどだったと言います。
　商品を購入してくださったお客様自身が、広告塔になってく

れたという、SNSの良い例です。

　このように、上手く運用することができれば、小さな会社でも世界中から集客できるチャンスが生まれるというのに、いまいち活用しきれていない企業のなんと多いことでしょうか！
　「情報発信はしているのに、効果が出ていない気がする」という企業でよくあるパターンなのが、特定のSNSでしか発信していないというものです。

　人それぞれ、利用するSNSは異なります。Twitterしか見ない人もいますし、Instagramしか見ない人もいます。
　お客様を取りこぼさないためにも、ユーザー数の多いSNSは、すべて活用するべきだと私は講座などで口酸っぱく伝えています。
　集客や認知度を上げることを目的とする場合、媒体を選り好みする必要はないと考えているからです。

　再び、ペンションを例に挙げます。
　そのペンションでは、あらゆる集客ポータルサイトをすべてを活用して集客しています。楽天トラベル、じゃらんなど、国内主要サイトはもちろん、ブッキングドットコムや、エアビーアンドビーなど、インバウンド向けのサイトにも旅館の情報を掲載していました。

　単純な話で、情報を掲載するメディアが多いほどお客様の目

に留まる回数が増えるため、予約は常にいっぱいです。

インバウンド向けのサイトも利用しているため、外国のお客様も多いと言います。言葉が通じないときはどうするのかというと、ポケトーク（音声翻訳機）を活用してコミュニケーションを取っているのだそうです。この対応力も、人気の秘訣です。

セミナービジネスも同じです。

どこで情報発信をするかを選り好みするのではなく、できる手段はすべて試してみる。それから絞り込んでも遅くはないはずです。

② WordPressを構築してブログ投稿

前項で、SNSを駆使せよ…とお伝えしましたが、注意事項もあります。

それは、SNSにはトレンドがあり、やがて廃れていく可能性が低くないということです。また、運営会社によっては規約がたびたび変更になることも頭に入れておかなければなりません。

過去、アメーバブログの商業利用が禁止された際には、ビジネスツールとして利用していた人たちが大打撃を受けました。その後、再び商業利用が許可されましたが、いつまた禁止されるかはわかりません。

FacebookやTwitterも、アルゴリズムがたびたび変わります。
　表示率を上げるために試行錯誤しても、アルゴリズムが変更されてしまえば、なんの意味もありません。
　また、突然利用規約が変わって、過去の記事が削除されてしまうという可能性もあります。
　せっかくブログ書き溜めていたのに、アカウント凍結や削除となってしまってはもったいないです。

　SNSは活用すべきですが、あくまで情報発信の補助的な役割としてです。
　情報発信のメインツールには、自社サイトを使いましょう。
　HP作成ツールで広く使われているのが、WordPressです。

【WordPressとは】

　WordPressは、オープンソースのブログソフトウェアである。PHPで開発されており、データベース管理システムとしてMySQLを利用している。単なるブログではなくコンテンツ管理システム としてもしばしば利用されている。

　昔は、HPを作るには、いちいちソフトを買わなければなりませんでしたが、WordPressはクラウド上で管理できるソフトです。
　また、標準のWordPressにはない機能を「プラグイン」と

いう形で配布しています。プラグインを利用すれば、自社サイトをECサイトにバージョンアップさせるなども可能です。

　WordPressで自社サイトを構築したら、そこにブログ投稿ができるよう仕組みづくりをしてください。自社サイトであれば、勝手にアカウントが凍結されることもありませんし、記事を削除されることもありません。
　ブログの記事が溜まれば溜まるほど、サイトの価値も高まっていきます。

　直感的に使うことができるので、知識のない初心者でも、簡単に始めることができます。ただ、ビジネスとして利用するのであれば、サイト全体のデザインは、プロのデザイナーにまかせましょう。
　高単価なサービスを提供するのであれば、HPにも説得力がないといけません。
　最先端の経営コンサルタントをうたっているのに、HPが素人臭いと、信憑性がないからです。
　反対に、あえて手作り感を出したほうがいい商品もあります。無農薬野菜の販売などをしている場合は、「一生懸命やっているな」と感じさせるサイトのほうがお客様の印象が良かったりするのです。

　商品イメージとサイトのイメージは、一貫したものを作ることが大事です。

③ FBでのブログ記事拡散

　WordPressを構築し、ブログ投稿の準備も整ったとします。しかし、当然ですが、最初は読者ゼロです。開設したばかりでは、検索にも引っかからないので、見に来てくださる人もほぼいません。

　読者数を増やす方法としては、とにかくブログの記事を書き溜めることや、お金をかけてSEO対策をプロに任せることなどが挙げられますが、自分でできる初歩的なテクニックとして、『ブログを更新したら、すぐ宣伝』というものがあります。文

【拡散】

WordPress → Facebook
WordPress → Twitter

字通り、自分が活用しているSNSを使って宣伝することです。

たとえば、Twitterをよく利用していて、フォロワーがたくさんいるというのであれば、必ずTwitterでブログを更新したことをお知らせするのです。
同様に、Instagramをよく利用しているのであれば、Instagramでブログ更新をお知らせします。YouTubeにチャンネルを持っていれば、コメント欄に投稿します。
とにかく、人が集まっているところで、宣伝するのがポイントです。
たとえば弊社の場合は、Facebookで繋がっている方が多いのでブログを更新した場合は、必ずFacebookでお知らせします。

その際に、できるだけ様々な投稿パターンを試して、閲覧率やクリック数などを分析してみるといいでしょう。
繰り返しになりますが、SNSはアルゴリズムがしょっちゅう変わります。どのパターンで投稿すれば、より多くの方に見てもらえるかという研究はしておいて損はないと思います。
投稿日時を変えたり、コメントを自分で入れたり、写真を使うなど、いろいろ工夫できます。

SNSは生き物だと思って、ビジネスに役立ってくれるよう育成していきましょう。

④ YouTubeへのコンテンツ投稿

　YouTubeにチャンネルを作るのも、セミナービジネスをするうえで大切な要素のひとつ。

　チャンネルを解説して、定期的に動画を更新すれば、集客に繋がりますし、見込み客を増やせます。

　トレーニング、ボディメイクなどは、YouTubeとの親和性が特に高いサービスです。ぜひ動画配信を始めてみてください。

　とはいえ、一見、動画との親和性がなさそうな企業が成功している例もあります。

　ある不動産会社では、YouTubeチャンネルで、物件の部屋紹介を行なったところ、閲覧数が大幅にアップしたといいます。ほとんどの場合、物件サイトで確認できるのは写真だけですので、これはいいアイデアです。

　ほかにも、清掃会社が、お掃除している様子を延々と紹介する動画を配信したところ、これもまた反響があったそうです。プロの掃除の技術を見て学びたいという方が、意外といたというのが成功の要因です。

　このように、どんな動画が人に喜ばれるかは、実際に作ってみないことにはわかりません。

　YouTubeチャンネルを作って動画を配信すると、ブログやSNSよりもさらに、いろいろな人に見てもらえるので、チャ

ンスの間口が広がります。

　私は過去に、対談動画を上げた際には、台湾の方から「日本語レッスン用に動画を売って欲しい」とお問い合わせを受けたことがあります。
　このように、思いがけないところから仕事がやってくることもあるのです。

　動画マーケティング的には、『短い動画をたくさんあげるのが良い』とされています。人の集中力はとても短いので、5分以上の動画は見てもらえないんだそうです。
　そのため、30分のセミナー動画をアップする場合は、6分割にするなど一工夫が求められます。

　一応、そういったテクニックはあるのですが、私は、あまりこだわらないようにしています。なぜなら、私が細切れで動画を見るよりも、一度に全編見るほうが好きだからです（笑）。
　なので、長編のセミナー動画も、できるだけ全編一度に見られるようにしています。

　YouTubeを使った集客方法や宣伝方法は、ほかにもまだまだあります。
　ここだけでは語りきれない分野でもあるので、興味がある人は、専門の書籍を買って学んでみてください。

⑤こちらから仕掛けるメディアでの記事発信

　ここまで、ブログや動画の活用法についてお伝えしてきました。
　マーケティング的に言うと、ブログや動画は、『プル型』の営業です。お客様が見に来てくださるのを待ちます。
　一方で、メルマガや LINE＠（ビジネス向けの LINE アカウント）は、『プッシュ型』営業です。お客様に直接アタックして営業します。
　同じプッシュ型に分類してはいますが、メルマガと LINE＠には、大きな違いがあるので、注意が必要です。

　メルマガに比べて、LINE はよりプライベートなメディアに分類されます。基本的に、アカウントは一人ひとつであるため、家族や友人など個人的な付き合いのある人たちとのコミュニケーションに使われるからです。
　なので、LINE＠で情報発信しすぎると、お客様に鬱陶しいと思われ、あっという間にブロックされてしまいます。

　では、LINE＠を使う場合、どのくらいの頻度で送るのがいいかというと、一概に「月に◯回」とは言えないのが正直なところです。
　ただ、私が LINE＠に登録している企業は、月１回、多くても２回というところが多いようです。
　送られてくる内容も、割引や空席のご案内など、受け取り手

が得をする内容に限定されています。

　たとえば、ある和食屋さんからは、
「今日は一組キャンセルが出たので、一部商品を半額でご案内します！」
　というLINE＠が送られてきたりします。半額ならば、ぜひ足を運びたいと思いませんか？
　ほかにも航空会社では、割引チケットのお知らせが、美容クリニックからはドクターの出勤状況などが、LINE＠を通じて送られてきます。

　月に1〜2度が限界のLINE＠に対して、メルマガは毎日送っても問題ありません。なぜなら、読む・読まないは、受け取り手が判断できるからです。送る側としてはすぐに開封して読んでほしいのが本音ですが、読者登録を解除されない限りは、いつでも集客のチャンスに繋がるといえます。

　言うなれば、メルマガがポスティングなのに対し、LINE＠はお宅訪問のイメージです。

　毎日インターホンを鳴らされて、玄関の前まで来られるのは、迷惑ですよね。それと同じ感覚と思って、メルマガとLINE＠を使いこなしてみてください。

⑥メルマガ読者を増やす、特典の作り方

　メルマガ、LINE＠についてもう少し詳しくお話ししていこうと思います。

　いずれも読者ありきのメディアです。そもそも送る相手がいなければ、配信することができません。

　では、どうやって読者を増やすかですが、私の会社では、広告を利用してリスト取り、つまり、お客様のアドレスを集めることをしています。

　といっても、広告を出したからといって、急に読者が増えるわけではありません。興味のない内容なら、目に入っても読まずにスルーされるだけです。

　では、どうやって興味を引くかと言うと、特典です。

　私の会社では、メルマガの登録者を増やすために『メールの無料講座』を特典としてつけています。

　読者になってくれた方には、もれなく、無料でセミナービジネスのノウハウをお伝えするというものです。この特典をつけたことで、メルマガ登録者数は急増しました。

　ほかに、動画や、電子書籍を特典につける場合もあります。セミナーやイベントの先着予約や、優待なども特典になります。メルマガだけでなく、LINE＠でも同じようにプレゼントをつけると、登録者数が増える傾向にあります。

「メルマガ（LINE＠）に登録するだけで、○○がもらえる」という、プレゼント作戦の効果は抜群なので、ぜひ試してみてください。

⑦メルマガリストが自動で増える広告運用

メルマガでリスト取りをする際に、広告を使うというお話しをしましたが、私が最も利用しているのが、Facebook 広告です。

ご存知の通り、Facebook は世界中に多くのユーザーを持つSNS です。

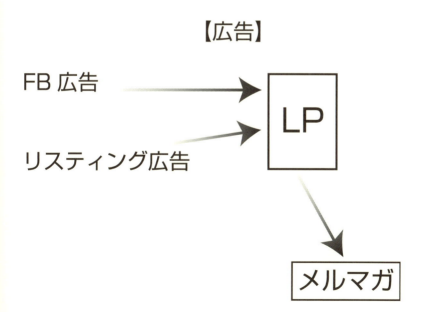

日本国内でも月間アクティブユーザーが2700万人いると言われています。
　巨大なマーケットであるFacebookで広告を出せば、その効果は歴然です。
　Facebook広告の最大の特徴は、細かな条件設定により精度の高いターゲティングができる点です。

　一般的なリスティング広告は、ある特定のキーワードを検索した人など、条件を満たした際に広告が表示される仕組みであることが多いです。
　しかし、Facebook広告では、性別、年代、趣味・嗜好など、広告出稿前に詳細条件を設定できるため、広告主の意図に沿ったターゲットに広告を届けられるというメリットがあります。

　動画広告や、スライドショー広告など、種類も様々です。

　出稿にかかる費用も1000円〜と少額でもできるので、お試しに使ってみるのもいいでしょう。
　Facebookだけでなく、InstagramやYouTubeでも広告を出稿することができます。

　たとえば、30万円の広告予算があるとしたら、Facebook、Instagram、YouTubeと分散して、どこが一番効果が出るのかを分析してみてください。

サービスや客層によって、反応がいいメディアは異なるので、いろんなメディアを試すのがいいと思います。

広告は、効果がはっきりとわかるまで時間がかかるので、予算と期間、ゴール設定を決めてから出稿するようにしてください。

広告の出し方や活用方法も、非常に奥が深いです。

これもYouTube同様、専門書を読んではじめてみるのがいいと思います。

第6章　ポイントまとめ

1）情報発信しなければ知ってもらう機会を作れない
2）ターゲットとする層が使っているSNSを使用する
3）WordPressでHPのボリュームを増やし、
　　価値をあげる
4）情報発信したらそれで終わりにしないで、
　　SNSで拡散する
5）動画を見てもらうコツは5分以内の短い動画
6）メルマガやLINE@活用で待つだけではなく、
　　こちらから情報を見てもらう
7）メルマガやLINE@登録を促進するためには
　　プレゼントを用意する
8）広告運用で読者登録の自動化

第7章

「またあなたから買いたい！」とお願いされる、セミナー開催後のフォロー

第7章　チェックシート

＜この章で紹介される内容＞

☐セミナー当日商品を売るには

☐お客様はストーリーに心動かされる

☐クロージング率をあげるために気をつけること

　（セミナー前・セミナー中・セミナー後）

☐お客様の商品購入のタイミングを理解する

☐お客様が何度も買ってくれる仕組みづくり

　　　　　　　　（理解が出来たらチェックしてみよう！）

①結局、下手に出ない人がうまくいく

　会場の準備、告知など、セミナー当日までにすべきことはすべて終わりました。
　さぁ、あとは当日を待つのみです！
　しかし、セミナーを滞りなく終えることが私たちのゴールではありません。目的はあくまで、商品をお客様に買っていただくことです。

　そこで、この第7章では、商品を売るための方法を具体的にお伝えしていきます。

　セミナー当日は、お客様に対して商品をセールスしていきますが、セールス方法は、その人のキャラクターによって千差万別です。
　ただ、セミナーという特殊な状況を活かす場合は、"先生ポジション"に立つことがコツです。

　お客様はセミナーに、『学び』を求めています。商品について知りたい、講師の話を聞きたいなど、何かを得て帰りたいのです。
　お客様に満足いただけるセミナーにするためにも、主催者は常に頼れる存在であるべきです。
　そんなシチュエーションの中で、「この商品、ぜひ買ってください！」と頭を下げてセールスするのは…違和感ですよね。

私の経験則からいっても、セミナー主催者は教える立ち位置で商品をセールスしたほうが、圧倒的に"売れやすい"です。

　たとえば、洋服を買うシーンを想像してみてください。
　お店の人に「お客様、これお似合いですよ」と言われるのと、イメージコンサルタントの先生に「あなたの体型なら、この洋服を着るとスタイルがよく見えます」と言われるのと、あなたならどちらの商品を買ってみたいと思いますか？　より説得力のある後者を選ぶ人が大半だと思います。先生ポジションというのは、簡単に言うとこういうことなのです。

　また、相手のお客様の性格に合わせてセールスパターンを変えることもときには必要です。お客様のタイプ別にどうコミュニケーションを取っていくかは、あらかじめシミュレーションしておくのがいいと思います。

②ストーリーを語って、お客様をファンにするテクニック

　商品やサービスを買ってもらうためには、お客様にファンになっていただく必要があります。それもそのはず、嫌いな人、興味のない人が売っているものは、買いたくないと思うのが普通ですよね。
　では、ファンになってもらうにはどうすればいいかというと、ポイントは共感してもらうことです。

第 7 章 「またあなたから買いたい！」とお願いされる、セミナー開催後のフォロー

　話は少しそれますが、映画も音楽も、売れる作品には必ず共感してもらうための仕掛けがあります。物語の主人公や、歌詞のシチュエーションと、自分を重ね合わせることで（＝共感して）、人は感動するのです。

　共感してもらうのに、もっとも効果的な手法は、"ストーリーを語ること"です。商品のことだけでなく、自分自身がどうしてビジネスを始めたのかというストーリーを、感情を交えて伝えるのです。

　私のビジネスパートナー坂田氏は、ストーリーを語るプロです。セミナーの最後、お客様に向かって、自分の信念を語りかけます。

「自分の人生を、自由に選択できる人を増やしたい。その一歩を踏み出す人のサポートをしたいと思っている」
「かっこいい大人たちを増やすために、自分はビジネスをしている」

このような、お客様の感情に訴えかけるようなスピーチをした直後に、商品のお申込みが殺到するという現場を、何度も目にしています。

『何を』売るかももちろん大事ですが、『誰が』、『どんな思いで』売っているかも、お客様にとって知りたいことなのです。

誰でも、必ずストーリーを持っています。この商品を手にした人にどう変わってほしいのかを、ぜひ、セミナーで直接お客様に伝えてください。

「この人も、同じ悩みを抱えていたんだ」
「私も同じように乗り越えられるかもしれない」
「この商品を買えば同じような成功体験が得られるかもしれない」

こんな風に思わせることができたら、クロージングがぐっと楽になりますよ。

③クロージングの練習帳！
読むだけでどんどん成約率があがる！

　さて、クロージングという言葉が出ましたので、続いてはクロージングの方法についてお伝えします。

　方法の前に質問です。クロージングのタイミングはいつだと思いますか？
　セミナー中？　それとも、セミナー終了直後？
　どちらも不正解です。正解は、セミナーが始まる前です。
　クロージングの成功率を上げるための仕掛けは、セミナーが始まる前の時点で、いたるところに用意されているのです。

　＜セミナー前＞
　第一印象でその人のイメージは９割決まると言われています。
　セミナーも同じです。最初の印象で躓くと、最後までネガティブなイメージがつきまといます。居心地の悪いセミナーで、商品を買おうという人はいないはずです。

　私はセミナーが始まる前は、緊張しているお客様を和ませるために、積極的にコミュニケーションを取るようにしています。
　はじめて参加するお客様には、「今日はどちらからいらしたんですか？」「どんな話を期待していますか？」などを聞きます。共通点のあるお客様がいれば、会話を繋ぐ役割もします。

来ていただいたお客様に、「この空間は安心できる」と思ってもらうことが目的です。このようにコミュニケーションを積極的に取ることで、主催者との関係性が生まれ、リラックスした状態で、セミナーに臨むことができます。

＜セミナー中＞

セミナー中も、積極的にお客様とコミュニケーションを取るようにします。

たとえば、「今日初めて参加するという方」「リピーターの方」など、簡単な質疑応答をして挙手してもらいます。

挙手してもらうことが実は大事で、アクションを入れることで「自分も参加している」という気持ちが増すのです。

できれば、この質疑応答の流れで「商品に興味がある人」という質問も入れておきたいところです。

挙手した人は見込み客なので、セミナー終了後に重点的にクロージングをかけることができます。

＜セミナー後＞

セミナー終了後は、商品購入を決めたお客様に、申込用紙をその場で書いてもらいます。ここで気をつけてほしいのは、決して「後日のお申し込みも大丈夫です」とは言わないことです。

なぜなら、セミナーで話を聞いた直後は、気持ちが最も盛り上がっている瞬間。申込用紙を書くことで、決心が固まるというメリットもあります。

この最大の好機を逃すと、99％はキャンセルになります。そ

れくらい申し込みのタイミングは重要ということを覚えておいてください。

　また、購入意欲がある・ないに関わらず、セミナー参加者全員に申込用紙を渡すこともお忘れなく。申込用紙をもらっていない状態で後日、「やっぱり申し込みしたいです」という人はめったにいません。その代わり、申込用紙をもらった人が、後日お申込みをするというケースはたまにあります。

　迷っているお客様がいたら、ダイレクトに聞くのもテクニックの一つです。
「買ってみませんか？
「やってみませんか？」
という風に、ストレートに聞いてしまうのです。まどろっこしい聞き方はかえって、購入意欲を下げることもあります。

　不安要素を挙げるお客様には、それをなくす方法を提案します。
　継続セミナーに毎回参加するのが難しいというお客様には、動画受講ができることをお伝えしたり、一括払いが難しいというお客様には、分割払いもできますとお伝えします。
　購入に関する問題を即座に解決するのも、セミナー主催者の勤めと覚えておいてください。

　このように、セミナー当日は、クロージングのための仕掛け

を、いたるところに用意しておいてください。

　最後にもう一つ、有効なテクニックをお伝えしておきます。それは、購入していただいたお客様に来ていただくことです。

　ここまでテクニックの話をしておいて、身も蓋もない話ではありますが、すでに購入していただいたお客様の声に勝るものはありません。セミナー開催の目的は、収益を出すことです。クロージングに不安があるなら、ぜひお客様に来ていただき、生の声を聞ける機会を作りましょう。

④またあなたから買いたいと言われる　フォロー方法

　心をこめておもてなしし、商品の良さも十分に伝えた。それでも成果が出ないときはあります。あと一息と思ったお客様が、購入をキャンセルされるなんてことも珍しくはありません。
　だからといって、気落ちする必要はありません。単純にお客様にとって購入するタイミングではなかったというだけです。
　その日は購入に至らなくても、2回目、3回目のセミナーでようやく購入してくれるというケースも実はたくさんあります。
　要するに、タイミングが合わなかっただけで、将来的に買いたいと思うタイミングがやってくる可能性は、ゼロではありません。

実際に私が主催する交流会やセミナーでも、何年もお目にかからなかったお客様が、ある日突然ふらりと来てくださることがよくあります。

お話しを聞いてみると、

「メルマガはずっと読んでいた」
「今回のイベントに興味があった」
「登壇する講師の先生にお会いしてみたかった」

など、理由は様々です。こうした経験から私は『どんなお客様にも門戸を開いておく』ことを、大事にしています。

しばしば、「フロントセミナーに参加できるのは、お一人様一回だけ」という決まりを設けているセミナーを見かけます。私は「もったいないな～」と思ってしまいます。

お客様のなかには、一度では決断できない人、他社と比較検討してから決めたい人もたくさんいらっしゃいます。「二度と参加できない」という決まりを設けてしまうと、2回目で購入するはずだったお客様を取りこぼしてしまいます。

たしかに、お客様の購買意欲を後押しするためにお尻を叩くのも主催者の仕事です。ただ、最終的にはお客様の決断を待つことしかできないのです。

なので、私が主催するセミナーは、何度でも参加OKとしています。

イベントや交流会があるときは、昔のお客様にも、別け隔てなくご案内をお送りするようにしています。

　もしも、「ずっと連絡してないのに、急にイベントに行ったら迷惑だろうか」と思い込んでいるお客様がいた場合、「お久しぶりの方も大歓迎」という文字がお誘い文のなかにあったら、参加ハードルがぐっと下がりますよね。

　何度も断られてしまったり、返信がなかったとしても主催者側が気にすることはありません。また次回お誘いすればいいだけの話です。
　同時に、お客様側がこちらとの連絡を遮断するのも自由です。メルマガを解除するのも、メール受信を拒否するのも引き止めるようなことはしません。再び興味が湧いたらまた登録してくれます。

　たとえ購入がなくても「ご縁がなかった」と諦めず、気長にお付き合いを続けたほうが結果的には購入に繋がります。

⑤新規顧客から脱却して 　生涯顧客になってもらうビジネスモデル

　ここまでで、リスト取りの方法、セミナーの準備、営業法、そして当日のクロージングまで、お伝えしてきました。
　セミナーを成功させるには、お伝えしたことを、地道に一つ

ずつこなすだけです。

　最初は大変かもしれませんが、回数をこなすことで段々と慣れていくので、とにかく継続あるのみです。セミナーは一度お客様を呼べば、新規営業の必要がなくなるビジネスモデルでもあるので、続けないことには安定した収益は望めません。

　一例として、私の会社のビジネスモデルを図解したのがこちらです。

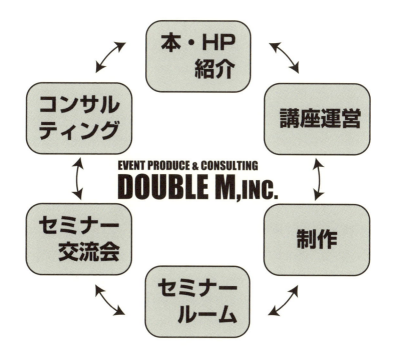

セミナービジネスのビジネスモデルの主軸は、フロントエンドでお客様を集め、高収益なバックエンド商品を売り、収益を得るというものです。
　しかし、突き詰めていくと、セミナー以外の様々な関連事業をはじめることもできます。

　講座を、前ページの図に当てはめてご説明しましょう。

　まず、メルマガやSNSを使って告知をし、集客をします。
　告知を見てセミナーに来てくださったお客様がそこで、講座に興味を持ち、お申込みしてくれます。
　継続講座を受ける中で、やがてご自身でもセミナーを開催することになり、弊社のセミナールームを活用してくれます。
　セミナーの運営やサポートをまた弊社が請け負い、告知に必要なチラシやランディングページを制作します。

　このように、一度関わったお客様が、別の商品も購入してくれるという循環が生まれるのです。必ずしも図のような流れになるわけではありませんが、関連商品があれば、お客様は必ず興味を持ってくださいます。

　今でこそ、このように良い循環が生まれていますが、実は狙っていたわけではないのです。きっかけはお客様の声でした。
　セミナーに来てくださったお客様から、「セミナールームを紹介してもらえますか？」「チラシの制作はしてくれないんで

すか？」というご要望をいただく機会が頻繁にあり、「こんなに頼まれるなら、自分の会社の事業にしてしまおう」ということで、セミナールームやチラシ制作を事業として始めるようになったのです。

お客様の「これ、できないの？」というお問い合わせが、私の会社のビジネスモデルを作ってくれたと言っても過言ではありません。

もちろん、すべてを自社で請け負っているわけではなく、デザイナーなど多数のビジネスパートナーと組んでこのビジネスモデルを実現させています。

私の会社だからできた…というわけではなく、セミナービジネスを始める人にはこのようなビジネスのチャンスがたくさんあるということを知っておいてほしいです。

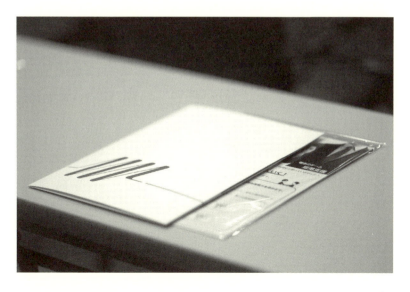

第7章 ポイントまとめ

1）お願いするのではなく、
　　先生ポジションをとることが売れる秘訣
2）『誰が』、『どんな思いで』売っているかも、
　　お客様にとって知りたいこと
3）想いに人は共感し、ファンとなる
4）セミナー前からクロージングは始まっている
5）お客様の緊張を解し、関係性を築く
6）お客様がなぜこの場に来ているか、動機を聞く
7）商品に興味がある人をセミナー中にピックアップ
8）セミナー終了後、必ず申込用紙を書いてもらう
9）購入意思を直接確認
10）お客様の不安要素を取り除く
11）お客様の要望から商品を作ることで
　　　回遊型のビジネスモデルを構築

第8章

セミナーは すべての経営課題の 解決策！

第8章　チェックシート

＜この章で紹介される内容＞

□頑張っても会社にお金が残らない理由を知る

□たった1人でも1億円稼げるワケ

□定期的なイベント開催で見込み客が集まるようにする

□見せ方を変えるだけで3倍儲かった事例

□採用広告に頼るのではなく自社イベントをすることで採用

（理解が出来たらチェックしてみよう！）

①なぜ、会社にお金が残らないのか？

　営業しても、社員を増やしても、会社にお金が残らない。切実な問題です。
　私自身、頑張っても頑張っても、まったく収益が増えないという経験を嫌というほどしています。その頃のお話しをさせてください。

　私がセミナービジネスに出会ったのは、20歳のときに飲食店を中心とするグループ企業に入社したときでした。その会社では人材育成に多くのお金を使ってくれていました。
　飲食業で必要なスキル、ホスピタリティやマネジメント研修をはじめ、コーチングやNLPなど心理学の研修までありとあらゆるセミナーを受講する機会に恵まれました。
　会社の方針でたくさんのセミナーを受けた私は、初期投資もかからず、すぐにできそうなこのビジネスに魅力を感じました。そして、いつか自分で、セミナーができたらと思うようになったのです。

　しかし、すぐにセミナービジネスを始めることはなく、その会社に7年勤めたあと、銀座にバーを出店します。
　バーを開店するにあたり、初期投資にかかった費用は3,000万円。一枚板のカウンターには100万円使いました。
　客単価は1万円と、少し高めに設定していましたが、思うような経営とはいきませんでした。人を雇用していたので人件費

もかかりますし、銀座の家賃はバカになりません。

お客様に営業メールやイベントのお知らせを欠かさず送り、毎月何百人と集客しても、利益はほとんど残りませんでした。出ていくお金のほうが圧倒的に多かったのです。

開店資金にかかった費用を回収するまでに、何年かかるのやら…と頭を抱えたことを覚えています。結局、お店は２年で閉店。私に残ったのは借金だけでした。

かなりハードな日々で、今思い出しても、冷や汗が出ます。

しかし、そんなどん底の状況を抜け出すきっかけを作ってくれたのが、セミナービジネスだったのです。

② ９割の人が知らない、
　　たった一人で１億稼ぐ経営方程式

私の体験談をもう少し続けさせてください。

どん底状態になったことをきっかけに、私はセミナービジネスを本格的に始める決心をします。

バーをやっていたときも、定期的に交流会を開催していたので、すでに顧客リストは手元にありました。それを使い、セミナーや講演会を開催することにしたのです。

結論から言うと、セミナービジネスに切り替えたのは大正解でした。

店舗を持つわけではないので、毎日お店に立つことはありま

せん。さらに、セミナー当日だけアルバイトを雇えばいいので、固定の人件費もありません。

一番最初に行ったセミナーでかかった初期投資金額は、セミナールームのレンタル代、10万円です。最終的に手元に残ったお金（利益）は50万円でした。

初期投資3,000万円、残ったのは借金だけという銀座のバーと比べると、ビジネス的に優れているのがどちらかは、一目瞭然です。

しばらくは参加費用の安いセミナーを企画していましたが、そのうちに高単価なセミナーを売ることにしました。

すると、売り上げが激増しただけでなく、セミナーに参加してくださるお客様の質も変わったのです。高いお金を払うとなると、それだけ本気の人が集まるからです。

紆余曲折はありましたが、加速度的に売り上げは上がり、会社は成長していきました。にも関わらず、業務のほとんどは外注に頼むので、自分の時間を増やすことにも成功したのです。

　現在も私が主催するセミナーは、客単価は30〜60万円くらいと高単価です。また、企業のコンサルティングをする際は、数百万円が相場です。

　私一人の会社なのに、年商1億円を達成するのは、このように高単価な収益商品を取り扱っているからです。

　また、私がしばしば言われるのが、「どうやって、人材を発掘しているの？」ということです。

　私は、デザイナーやライター、集客コンサルタントなど、あらゆる場面で専門家を頼っているのですが、優秀な人材ばかりが集まるので、外部の人にとってはそれが不思議で仕方ないの

【仕事を細分化】

セミナー開催

ライター
マーケッター
シナリオライター
デザイナー
動画カメラマン
写真カメラマン
集客代行
事務局代行
広告運用代行

メルマガ代行
SNS運用代行
ブログ運用代行
秘書代行
会場手配代行
経理代行

だそうです。ありがたいことに、私のビジネスパートナーは、本当に優秀なプロフェッショナルばかりです。その秘密は、徹底的な分業化にあります。

　私がいろんな経営者を見て思うのは、皆さん、1人の人材に求める理想が高いということです。
　企業としては、できれば、営業ができて、英語が話せて、PCに強く、積極的で、コミュニケーション能力も高い人を採用したいというのが本音ですよね。
　しかし、そんなハイスペックな人は、めったにいません！　いたとしても、すでに大企業に内定済でしょう。

　一方、私が外注する際に重視しているのは、専門性です。チラシ制作ならチラシ制作、集客なら集客と、それぞれのスキルを持つ人にお願いしています。言い方を変えれば、優秀なデザイナーさんに、コミュニケーション能力や、積極性は求めていないということです。
　また、企業に依頼するとフィーが高くなりがちなので、個人事業主の方を中心にお願いするようにしています。
　私は今までお付き合いのあったお客様や、ご紹介いただいた方に依頼することが多いのですが、今はランサーズなどのポータルサイトも多いので、そういったサイトを活用するのも手かと思います。

　あなたの会社に本当に人材は必要ですか？　経営に余計なお

金と時間をかけてはいませんか？　会社にお金を残したいのであれば、今一度、旧来型の経営方法から、頭を解放してください。

③あなたの会社がみるみる利益体質になる月１イベントの習慣

　セミナービジネスの経営方程式がわかったところで、より利益を生む会社にするための習慣を伝授しようと思います。それが、『月イチ』イベントです。
　できるだけ参加ハードルが低いイベントを、定期的に開催してください。

　月イチでのイベントは、お客様と直接お会いする機会にもなりますし、昔のお客様に連絡を取るきっかけにもなります。さらには、お客様同士の交流を深める場づくりもできるので、定期イベントはぜひ開催していただきたいのです。

　あるオーダースーツの会社でも、定期イベントを開催することにしました。
　その会社は、売上の波が課題でした。オーダースーツの注文が入る時期は、季節の変わり目や新年度などに注文が集中する傾向にあります。そこで、ただ受注を待っているのではなく、定期的にお客様に出会えるイベントを始めたのです。
　当日は、会場にコーディネートを展示したり、生地見本を展示したりまたスーツを作りたくなるように PR しました。

【定期的なイベント開催】

既存顧客のフォロー
見込み客とつながる場
疎遠になっているお客様

新商品提案

　実物を見ると、欲しくなってしまうのが人間です。この会社も、定期イベントを開催したことで、お客様の再契約率を上げることに成功したのです。

　私の会社では、毎月第4金曜日に交流会を企画しています。曜日も確定したほうが、お客様に覚えてもらいやすいです。
　交流会というのは一例で、イベントの内容は、お客様に合わせてください。一例ですがお客様が経営者の場合は上質なワイン会を企画したり、働く女性の場合は、今話題のお店で美味しいものを食べる会などが喜ばれます。

　なお、私は以前、定期イベントでこんなことがありました。
　久々に来てくださったお客様とお話ししてた際に、たまたま

新規のプロジェクトの話になり、トントン拍子に300万円の仕事に繋がりました。

こんなラッキーもあるので、定期イベントは侮れないのです。

④見せ方を変えるだけで3倍儲かる！
　中小企業のためのセールスプロモーション

少し前に、ヒーラーの方のコンサルティングをしたときのことです。

毎月のヒーリング料が2万円、そのほか、個人に対する鑑定料を合わせて、客単価は約10万円というビジネスモデルで、やってらっしゃいました。

私はそれを、客単価30万円にするビジネスモデルをご提案しました。どうやったのかというと、バラ売りを止めたのです。

たとえば、ヒーリング料を月額制にすると、好きなときに止められるので、お客様の離脱率が高くなってしまいます。

離脱率を下げて、さらに単価を上げるには、これをパッケージ化させるのが効果的です。月契約ではなく、年間契約にして、さらに定期的な鑑定も契約内容に盛り込みます。そうすることで、30万円のプランにしてもお得感が出るのです。

パッケージ化は、いろいろなサービスに応用可能で、ジムインストラクターの成功事例もあります。

一回30分のパーソナルトレーニングを、2,500円で売ってい

ましたが、それを廃止。3ヵ月通い放題、習い放題のフリーパスにして、50万円で売り出したのです。すると、売り上げが上がっただけでなく、単発の頃よりもお客様の満足度が高いという結果になりました。

　常にパッケージ化した商品を売ればいいというわけではなく、タイミングもあります。
　たとえばジムでいうと、毎年1月のお申込みが最も多いようです。年明けとともに、体を鍛えようと思う人が多いのでしょう。ところが、半年もしないうちにそのほとんどが幽霊会員になり、離脱していきます。
　なので、そのタイミングでキャンペーンやクーポンを出し、会員の引き止め、さらには新規会員の獲得に繋げます。

　現状、売り上げが伸び悩んでいる場合は、このようにパッケージ化ができないか検討してみてください。価格に見合うだけのお得感を、どう演出するかがポイントです。

⑤採用広告はもういらない！
　人材難の時代における新潮流

　セミナービジネス業界では、生徒がビジネスパートナーになることがよくあります。それだけでなく、生徒が自発的に広告塔となって、新しい生徒を引き入れることもよくあります。私はその現象を、「生徒が生徒を呼んでくる」と言うのですが、

セミナービジネスに馴染みのない方々にとっては「どういうこと？」となるようです。

　たしかに、普通のビジネスではあまり見られない光景かもしれません。ただ、セミナーは特殊なビジネスなので、これが成立してしまうのです。

　今、私の会社に手伝いに来てくれているKさんも、もともとは生徒の一人でした。
　講座に通いはじめて数カ月後、「一緒に働きたい」とお話しをいただき、それからセミナーの開催時などに、お仕事をお願いするようになりました。
　私のビジネスパートナーになる方は、Kさんと同じような流れで入ってくる方が多いです。

　ビジネスパートナーの皆さんにどうして私の会社で働きたいと思ったのか話を聞いてみると、「面白そうだったから」という理由が最も多いです。

　たしかに、セミナービジネスは、いろんな方と繋がる機会が多いので、日々刺激的です。セミナーで、その楽しさを実際に体験することで、会社としての価値や魅力を感じるのでしょう。
　また、生徒同士で、効率的な集客の方法など情報をシェアし合っているので、私の知らないところで、セミナーが拡大しています。実に有り難いことです。

とあるハウスメーカーでも、お客様をリクルートしています。注文住宅を依頼したお客様は、もれなくそのハウスメーカーのファンになってしまうのです。
どうしてそんなことができるのかというと、秘密は、企業理念にありました。

ハウスメーカーといったら、普通は「家を売る」ことが仕事です。しかし、その会社では、『家を作る体験』を売ることをモットーにしていました。
上棟式や着工式、そのほか土地探しや、施工事例の紹介も、すべてイベントにしています。家を作るだけでなく、家を作る体験そのものを売っているのが、そのハウスメーカーの特徴です。家作りの最初から最後まで楽しめる工夫がなされています。

お客様のみならず、職業体験に来た中学生が、「この会社で働きたい」というのも納得です。

今の時代、お金を稼ぐ方法は、いくらでもあります。どんな仕事に就こうと、最低限食べていくことはできます。
だらこそ、収入よりも自分のやりたいことを優先させる人が増えているのです。
若い世代は特にその傾向が強いと感じます。

昔は、いい車やいい家、いい服が欲しいというのが、当たり前のような価値観でしたが、今は違います。

週末にドライブする程度であれば、カーシェアで十分です。持ち家よりも賃貸のほうが自由度が高いという考え方もありますし、洋服だって安くておしゃれなブランドがたくさんあります。
　消費傾向がこれだけ変わっているのに、企業の採用だけがいつまでも変わらないというのは、ありえないですよね。

　この事例だけでなく、近年、いくつもの企業がユニークな採用をはじめています。
　ぜひ、参考にしてみてください。

第8章 ポイントまとめ

1) ビジネスモデルを変えることで利益体質に
2) 1人に求めるビジネススキルを細分化
3) 定期イベントで疎遠になっているお客様とも繋がれる
4) バラ売りしていた商品をまとめることで高単価化
5) セミナーがきっかけで人材採用にも

◆すごいセミナー営業◆

「すごいセミナー営業」
読者限定特典をプレゼント!

本書をご購入いただいた方へ、特別な特典をご用意しました。

1) 稼げるセミナー講師育成人　坂田公太郎さん　対談動画

坂田 公太郎 Sakata Kotaro

株式会社セミナーエリート 代表取締役
1977年4月5日生まれ
『トップ1%セミナー講師養成講座』主宰
稼げるセミナー講師育成人

- - - - - - - - - - -

1977年4月5日生まれ。

歌舞伎町にて、No.1ホストとして活躍する。

居酒屋経営を譲渡後、社会人研修会社、マンション販売会社にて、営業を経験しNo.1になった後、セミナー講師としてデビュー。「週刊SPA!」や「BSフジ」などのメディアに特集されるなど、一役大人気講師に。

全国各地での講演、セミナーはもちろんのことニューヨーク、ハワイ、ゴールドコースト、バンコクなどでもセミナーを成功させている。

1回のセミナーで100万円以上売り上げるスーパーセミナー講師であり、アンソニー・ロビンズ初来日セミナーでの登壇ではわずか20分間のスピーチで1,000万円以上の売上をもたらす。自身の講座『トップ1%セミナー講師養成講座』にて、「稼げるセミナー講師」なる方法を伝授している。

豊富な指導経験と、誰でも実行に移せるまでに体系化されたノウハウにより、講座生の中には、月商1,000万円を超える方、出版をする方、数百名規模のセミナーを成功させる方など、セミナー成功者を多数排出している。

著書に『地上最強のセミナー講師バイブル』(clover出版)など4冊がある。

2) 愛の集客コンサルタント 佐々妙美さん 対談動画

佐々 妙美

株式会社セミナーエリート：取締役
愛の集客コンサルタント
稼げるセミナー講師育成人

集客総数15,000人以上、セミナー・イベント開催数1,250回以上、定価60万円超の講座を800本以上販売するなどの実績を元に集客の専門家として実践的ノウハウを多くの方に提供する。

佐々の集客ノウハウを学んだ講座生は200名規模、300名規模のイベント開催を成功させたり、継続的に集客が出来るようになったりと大きな成果をあげている。

集客コンサルティングでは月2,000万円の売上に貢献したり、日本トップコンサルタントのプロデュースなど多数クライアントの成果に貢献。

集客の専門家として全国各地だけでなく、アメリカ（ニューヨーク・ロサンゼルス）・オーストラリア（ゴールドコースト）・タイ（バンコク）などでもセミナーを開催し、「実践的で分かりやすい！」「集客が楽しくなる」などの口コミが広がり、常にセミナーは満席となっている。

著書「たった5つの感情でお客さまは動き出す！」（clover出版）は1万部を超えるベストセラーとなり、啓文堂書店渋谷店ビジネス書ランキング1位、Amazonマーケティングカテゴリ1位を獲得3刷。

東洋経済オンラインでは記事ランキング1位を獲得、その他、テレビ、雑誌などにも登場するなど幅広く活動している。

※本特典の提供は、安井麻代（著者）が実施します。出版社、販売書店、取扱図書館とは関係ございません。
※特典の提供は予告なく終了することがあります。予めご了承ください
※お問い合わせは https://double-m-inc.com からお願いいたします。

◆すごいセミナー営業◆

3) 戦略的コピーライター　今野富康さん　対談動画

今野 富康

株式会社 NorthStar 代表取締役、
戦略的コピーライター
マーケッター

　千葉県船橋市生まれ、岐阜県岐阜市在住。岐阜を中心に活動し、東京、大阪、岐阜、名古屋、岡山にクライアントを抱える。

　戦略的なコピーライティングのスキルを活用し、顧客の業績向上に貢献。経営戦略、マーケティング、営業、商品開発、コンサルティングなど、多様な立ち位置からビジネスを携わった経験を活かして、経営者目線で業績向上を捉え、マーケティングの知識とコピーライティングのスキルを駆使して企業の成長に貢献。

　セールスコピーを提供した販売用ページの成約率が最大で 70%を記録し、半年以上 60%以上の成約率を維持する。

　支援先の物販売上が前年同月対比22倍の売上達成、創業以来、最大の月商を記録。EC サイトの立上げで、わずか 3 ヶ月で年商 2,000万円のオンラインショップに成長。売上 0 のクライアントを支援し月商１千万まで成長させる。

　コンサルティングを提供したクライアントのランディングページで成約率 50%を記録する。など、数々の輝かしい実績を持つ。

　この特典をご希望の方は、下記の QR コードを読み込み、登録フォームより「姓名・メールアドレス」をご登録ください。登録後すぐに返信メールにて、動画をお届けします。

　登録後、メールが届かない場合は、メールアドレスの間違いがないか、迷惑フォルダーをご確認ください。

【特典受け取り方法】→

https://double-m-inc.com/lp/specialgift

◆特典◆

安井麻代
1980年 愛知県生まれ
セミナー・イベントの企画から制作、運営までを行うセミナー・イベントプロデューサー。

　2000年に飲食業、デザイン業、コンサルティング業、セミナー業などを展開する企業グループに入社。最年少取締役に就任後、イベント企画、店舗開発などにも携わる。
2007年独立、銀座にバーを出店。同時にセミナーや講演会、パーティなどのプロデュースを始め、現在までに自身がプロデュースしたセミナー・イベントは1000本を超、1万人以上を動員。
　企業、教育機関での講演やセミナー・イベント開催協力、雑誌・ラジオ・ポッドキャストなどへの出演実績などを持ち、著書に『初めて会う人でも大丈夫！誰とでもすぐに仲良くなる技術』(すばる舎)、『誰にでもできる交流会・勉強会の主催者になって稼ぐ法』(同文館出版)、『セミナー・イベント主催で成功する71の秘訣』(セルバ出版)などがある。
　2017年、東京都中央区八丁堀にて、セミナールームイベントスペースWMを創業。
　セミナーやイベントを活用した顧客創造と売上拡大を得意とし、現在はプロデュースの他、セミナー講師、企画運営コンサルティングなども行う。

※本特典の提供は、安井麻代(著者)が実施します。出版社、販売書店、取扱図書館とは関係ございません。
※特典の提供は予告なく終了することがあります。予めご了承ください
※お問い合わせは https://double-m-inc.com からお願いいたします。

◆すごいセミナー営業◆

おわりに
私の趣味は旅行です。

国内、海外問わずいろいろなところを旅してきました。
観光誘致が成功している沖縄や北海道など、人が溢れかえっているところもある反面、過疎地で疲弊している街も見てきました。

ご縁あって事業立ち上げで関わらせていただいた、高知県四万十の町がまさにそうでした。
学校がないから、働く先がないからと言って、どんどん都会に流出していく人口。
「こういうふうにアピールしたら、もっと盛り上がるのにな」

172

◆おわりに◆

と思うこともたくさんありました。
　また、この仕事をしていてご相談にいらっしゃる方の中にも「いい商品なのに売れないんです・・・」と、自分の時間を切り売りして、ギリギリの価格で経営努力を重ねている経営者の方々を見てきました。
　いい商品だから売れる、頑張っていたらなんとかなる。悲しいことにそんな世の中ではありません。

　たいしたことがないのに、売り方次第で売れてしまう。そんな商品もあります。
　お客様に見えない裏側のこだわりや、商品の素晴らしさや価値、そして大切にしている想いは、伝えなければ伝わらないのです。
　それができるのが、セミナーやイベント開催です。

　いい商品なのに売れない、と嘆く前に、セミナーという解決方法があることを知ってほしくて、本書を書きました。

　いつもセミナーでお伝えしていることが、「価値は言語化することで価値となる」ということ。
　ある事例をお話すると、私が利用しているクリーニング店は、九州の田舎にあるクリーニング店です。
　朝出したら夜受け取れる、そんな即日サービスのクリーニング店もあるなか、一度出すと一週間くらいかかるそのお店に出しています。

◆すごいセミナー営業◆

　なぜならば、そのクリーニング店ではこと細やかに行程を伝えているから。
　仕上げに一週間かかる理由も明確に書かれていて、乾燥を一日でやると痛むからだそうです。

　これはweb上で集荷も配達も完結させる、ネットクリーニングの話ですが、同じことがセミナーでも言えるのです。
　セミナーでは、商品やサービスを提供している上で大切にしていることをお客様に伝え、理解してもらって今までより高単価で販売することも可能となります。
　身近に感じていただくために、本書ではセミナー開催でビジネスを大きく成功させた事例をたくさん紹介させていただきました。

　こだわりやホンモノの商品やサービスを提供している方ほど、ぜひセミナー開催を取り入れてほしいと考えています。正直者こそ救われる、そんな世の中の一助となることを願っています。

　最後になりましたが、本書出版にあたってプロデューサーの潮凪洋介先生に大変お世話になりました。潮凪先生の鋭いアドバイス、絶妙な光の当て方により、単なるハウツー本に終わらず、セミナーの可能性を広げていただきました。

　この場を借りて心より御礼申し上げます。

◆おわりに◆

　また、タイトな執筆スケジュールにも関わらず、ライター中村未来さんのおかげで、いち早く本書を読者の方に届けることができたこと。チームメンバー、いつもご愛顧いただいているお客様に感謝の気持を込めて、終わりとしたいと思います。

　　　　　　　　　　　　　　　　　　　　安井　麻代

安井麻代（やすい・まよ）
セミナー累計売上150億円セミナープロデューサー
株式会社ダブルエム　Executive Producer
セミナーを開催する企業に営業コストの5倍売るノウハウを伝えるセミナー・講演会仕掛け人。
全国から受講生が集るセミナー主催者養成講座の講師も務めている。
1980年愛知県生まれ、東京在住。
2000年に入社した飲食系企業にて、最少年取締役に就任。マーケティングを担当、店舗イベントを開催し斬新な企画で連日満席の人気イベントの数々を生み出す。社員研修の一環で外部の研修を受講、セミナービジネスの可能性を知る。
2008年よりセミナーや講演会、パーティ、高額講座などのプロデュースを始め、現在までのプロデュース件数は1200本超え、1万2千人以上を集客。
手掛けた講座のなかには売上2億円を超えるヒット講座や全国から受講生が集う人気講座を開催。企業のセミナー開催コンサルティングでは、イベント集客平均3倍、成約率が2倍に改善、またたく間に売上3倍などの実績を持つ。
教育機関や企業での講演や開催協力、雑誌・ラジオ・ポッドキャストなどへの出演実績などを持ち、現在は八丁堀で2フロア90坪のセミナールームイベントスペースWMを運営。最新刊著書「セミナー・イベント主催で成功する71の秘訣」がある。
https://double-m-inc.com

すごいセミナー営業(えいぎょう)
2019年11月14日　初版発行

著　者　　安　井　麻　代
発行者　　常　塚　嘉　明
発行所　　株式会社　ぱ　る　出　版

〒160-0011　東京都新宿区若葉1-9-16
03(3353)2835－代表　03(3353)2826－FAX
03(3353)3679－編集
振替　東京　00100-3-131586
印刷・製本　中央精版印刷(株)

© 2019　Mayo Yasui　　　　　　　　　Printed in Japan
落丁・乱丁本は、お取り替えいたします

ISBN978-4-8272-1205-1 C0034